いきなり事業承継成功読本

Anytime Business Succession Success Reader

小形剛央
TAKEHISA OGATA

発行・日刊現代／発売・講談社

はじめに

事業承継は、経営者にとって「最後の大仕事」です。家族、従業員、取引先、社会、そして自身のために、何年、何十年にもわたって経営してきた会社を後継者に引き継ぐ——。言葉にすれば簡単ですが、実際にはかなり勇気が必要ですし、実行するまでにはさまざまな壁を乗り越えなければなりません。

たとえば、一度決断できたとしても、「やっぱり自分の代で終わらせるべきでは」「誰もこんな会社を引き継いではくれないだろう……」といった不安や諦念を抱く経営者は多いでしょう。昔と違って職業選択の幅が広がっている時代なので、「子どもにはやりたい仕事に就いてほしい」という理由から親族内承継を断念する人も珍しくありません。

また、「後継者が見つからない」という理由で廃業を選択するケースも増えています。日本政策金融公庫の調査（２０２１年）によると、60歳以上の経営者のうち50％以上が将来的な廃業を予定しており、このうち「後継者難」を理由とする廃業が約３割となっています。２０２５年には日本の中小企業およそ１２７万社が後継者不足に悩まされるとも予測され、「2025年問題」と呼ばれています。

そして無事、事業承継をできたとしても、承継後すぐに経営が立ち行かなくなってしまう会社は多くあります。その代表的な要因が、「後継者の力不足」です。

私自身、公認会計士・税理士として中小企業の税務顧問や事業承継のコンサルティングを行っていますが、後継者の能力やマインドが不十分なまま事業承継した結果、短期間で従業員や取引先が離れてしまい、数年で廃業に追い込まれたという会社をたくさん見てきました。こうなると、「自分が立ち上げた会社を世の中に残したい」「従業員や取引先を守りたい」「社会に貢献し続けてほしい」といった先代経営者の想いが実現しないどころか、負の財産と「あの会社はひどかった」というイメージだけが残るという、最悪の結果に陥ってしまいます。

では、こうした壁やリスクを乗り越え、事業承継を成功させるために、経営者は何をすればよいのでしょうか。

今の時代、インターネットで検索すれば「事業承継で必要な手続き」「事業承継で使える補助金」「後継者マッチングサイトの使い方」「M&A活用術」などの情報が数えきれないほど見つかります。なかには理解が困難なものもあるため、こうした情報を見てうんざりした経験のある人も多いことと思います。

でも、安心してください。それでいいのです。

事業承継において経営者に最も必要なのは、「実務」ではなく「準備」に関する知識・ノウハウです。「整える」ことが大事なのです。


そもそも事業承継の実務は、税理士などの専門家に任せるケースが大半であり、経営者が自らすべきことは限られています。極端にいえば、税金に関することや各種制度や契約の申請・手続きなどは、専門家に任せればいい。経営者が力を注ぐべきことは、次の3つに集約されます。

①承継前に自社の強みを把握し、最大化する。弱みがあれば改善しておく
②スケジュールを立てて、各フェーズのすべきことを明確化する
③後継者のモチベーションを正しくコントロールしながら計画に基づいて進める

事業承継と聞くと「複雑で面倒そう」と感じる人も多いと思いますが、経営者

が注力すべきポイントは、つまるところこの3つだけです。これらのことを承継前から実行しておけば、後継者の代になって経営が立ち行かなくなるリスクは、大きく減らせるはずです。

事業承継は、いつ起こるか予想できないものでもあります。不測の事態で経営権を引き継ぐ局面が訪れたとき、十分な準備ができていなければ、事業承継を成功させることはできません。

最近は、株式の贈与に係る贈与税を少なくするために、過度な株価対策によって事業承継をしようとする人も散見されます。しかし私は、事業承継のゴールは「お得なかたちで承継すること」ではなく、**「自社を末長く発展させること」**であり、**「長寿企業になること」**だと考えています。

経営者は、従業員や取引先に対してさまざまな責任を負っています。彼らを守り、そして発展させていくことが経営者の責務であり、そのためには自社の事業を永続的に成長させていくことが不可欠です。その意味では、経営者とは経営権を一時的に負い、次世代に引き継ぐための存在といえるかもしれません。

本書では、準備不足によって失敗してしまった事業承継の事例を解説したうえで、事業承継のメリット、そして前述の3つのポイントを実践するための具体的な方法を紹介します。

本書で取り上げる知識やノウハウは、事業承継でも活用できることはもちろん、**普段の会社経営を見直すきっかけ、経営改善をするヒント**にもなるはずです。事業承継を視野に入れている、あるいは50年、100年と自社を存続させたいという意思を少しでもお持ちの経営者・後継者のみなさんは、ぜひご一読ください。

私はこれまで数多くの事業承継をサポートしてきたなかで、**しかるべき準備をして「良い承継」をすればその企業は成長できる**ことを確信していますが、同時に「準備を怠った悪い承継＝承継に失敗して先細りする企業」の例も多数見てきました。事業承継という大きなふしめで、これまでの努力を無駄にすることがあってはなりません。いつか必ず取り組まなければならない事業承継とその準備を、「これまで行ってきた経営を見直し、それを次に発展させる大きな契機」と捉え、自社をいつまでも永続する長寿企業にするために、本書を活用していただければと思います。

目次

第2章 「事業承継の本質的な意義」を理解する――55

第3章 事業承継の成功へと至る道・その1 会社の魅力を正しく把握し、最大化する――85

第4章

事業承継の成功へと至る道・その2

本書で取り上げている税制や法律は、原則として２０２２年12月時点のものに基づいています

第1章

事業承継が失敗する９割は「準備不足」

「たかが準備」と侮ってはいけない

「事業承継をするなら絶対に成功させたい」とは、経営者であれば誰もが考えることですが、現実には事業承継で思わぬ失敗をしてしまう例は決して少なくありません。具体的には、次のようなケースが散見されます。

・承継後すぐに従業員や取引先が離れてしまい、廃業に追い込まれる
・後継者候補が会社に愛想を尽かし、退社してしまう
・オーナーが急死して、遺産をめぐり〝争続〟が起きる
・M&Aによる事業承継を進めていたが、売却前に悪評によって話が流れる
・そもそも後継者が見つからない

こうした残念な事態が起こる要因はさまざま考えられますが、その大半が、**経**

営者もしくは後継者による準備不足にあると私は考えています。

これから本書で解説していきますが、事業承継における準備というのはおおむね決まっています。企業の状態や業種によって取り組むべき期間や内容に違いはありますが、基本の戦略は変わりません。にもかかわらず、なぜ準備不足という事態が起こるのか。そして、準備不足のまま事業承継をしてしまったら、どんな失敗が起こり得るのか――。

本章では、６つの企業で起こった「失敗事例」を通して、それを紐解いていきましょう。

準備不足に問題があるということは、逆にいえば、**十分な準備をしておけば事業承継は成功しやすくなる**ということです。あるいは、**承継後になんとかしようと思っても、どうにもならないことが多い**ともいえるでしょう。

事業承継は、ヒト・モノ・カネ・情報の経営資源がすべて関わる大きなイベントです。その過程でこれらの資源を失ってしまったら、容易に取り戻せるものではありません。たとえ取り戻せたとしても、多大な時間を要することは必至です。

「社員や取引先が変わるわけじゃないから、大丈夫だろう」
「うちの家族は、お金のことでモメたりしないだろう」
「事業承継税制を利用したいから、とにかく早く承継しよう」

私がお会いした経営者のみなさんのなかには、このように考える方も多く見られますが、こんな考え方がトラブルの元凶となるのです。もしも本書をお読みのみなさんに心当たりがあれば、この機会にそうした考えを捨てていただければと思います。

それでは、準備不足によってどのような失敗が起きるのか。具体的な事例とともに解説していきましょう。

失敗パターン1

準備を後回しにしてしまって、後継者が育たない

私の経験上、事業承継に対する経営者の態度は大きく2つに分かれます。ひとつは**「やる気がない」**というパターンで、**「事業承継に対する切迫感がない」**ともいえます。

経営者として事業承継を考え始める時期として一般的なのは、60歳や70歳、人によっては80歳を過ぎてからです。歳をとって体力が低下したり病を患ったりといったことがきっかけで、「そろそろ会社の今後を決めなければ……」と、重い腰を上げ始めるようです。この場合、金銭的に余裕があり、少なくとも自分と家族の将来はお金に困らない状況の経営者が多いように見受けられます。

ここですんなりリタイアすれば、悠々自適な老後を楽しめるかもしれません。しかし、あえてリスクを負って新しいことに取り組むというのは、精神的にも肉体的にも大きな負担がかかることです。経営者自身もそのことを重々理解してい

るために、結果として**「やって失敗するなら、やらないほうがいい」**と、および腰になってしまうわけです。

このタイプの経営者は、いざ事業承継することになっても前のめりになれず、「まだ準備しなくてもいいだろう」「後継者がなんとかしてくれるだろう」「周りがサポートしてくれるだろう」という、他人任せのマインドが根づいているようです。そのため、気づいたときには経営状況が悪化して手遅れの状態となり、八方塞がりになってしまうことも多々あります。

▼事例1　経営者としての器がない息子に、突然承継！

属性：建設業（リフォーム）
売上：約3億円
先代経営者：65歳
後継者：35歳（息子）

65歳の先代経営者は、35歳の息子さんを後継者にすることを決めていましたが、「年齢的には、まだまだ現役としていけるだろう」と考えていました。もしかすると建設業の場合は、社長の影響力が強くそれで成り立っている会社も多いため、「息子に任せるのは心配」「まだ譲り渡すわけにはいかない」という気持ちがあったのかもしれません。

いずれにせよ、従業員も取引先もこの先代経営者を強く信頼していたということもあり、「今すぐ事業承継の準備をしなければ」という切迫した状況ではありませんでした。

しかし、先代経営者が急死したことで事態は一変します。後継者である息子さんも、実際に引き継ぐのはまだまだ先のことと考えていましたから、心の準備もできていなかったのです。

もちろん後継者に経営の知識や経験はほとんどなく、「従業員や取引先を守る」「会社を成長させる」という経営者としての基礎的なマインドすら持ち合わせていませんでした。それどころか、「経営者になったら経費を使いたい放題だ」くらいの考えしか持っておらず、非常に危険な状態でした。

つまりは、経営者としての素養のない人が、経営の知識や経験もない状態で突然承継することになったわけです。誤解を恐れずにいえば、**最悪な人が、最悪な状態で会社を引き継いだ**ともいえるでしょう。

当然のことながら、社内であっても社外であっても、そんな経営者に付いていこうと思う人はいません。バタバタと承継したものの、その後すぐに従業員の退職が相次ぎ、取引先は離れていき……と、わずか1年足らずで廃業寸前まで追い込まれてしまったのです。

先代の急死というのはとても不幸なことですが、残念ながらどの企業でも起こり得ることです。実際にこれまでに私がお手伝いしたなかでも、こうしたケースは実在しますが、なかには**承継後、先代以上に会社を成長させていった後継者もいます。**

急死という不幸な出来事は同じなのに、なぜ「成長する企業」と「衰退する企業」とに分かれてしまうのか。それは、**前者の場合は早い段階から先代経営者と後継者が、承継の準備を進めていたことに起因します。**

高齢になるほど、突然死のリスクは高まります。急死すると同時に資金繰りがショートするという事例も、決して少なくありません。突然死でなくとも、ケガや病気で入院せざるを得なくなったり、それまでのように働けなくなったりという恐れもあります。

こうしたリスクを考えると、経営者は「まだ元気だから大丈夫だろう」というマインドを捨て去り、**「元気だからこそ、今のうちに準備を進めよう」**という意識に切り替えることが重要です。

失敗パターン2

「自分がやらなくては」と、承継後も経営に関わり続ける

先に挙げた「経営者の2つのタイプ」のもうひとつは、**「自分がなんとかせねば」**という気持ちが強いタイプで、「やる気がない」の反対です。このタイプの方は、自分ですべてを決めたがり、細かいことも一つひとつ把握していないと気が済まないようです。

やる気があるというのは、決して悪いことではありません。事業承継についても率先して進めることが多く、スムーズに承継できるように思えるかもしれません。しかし実際には、**「いざとなれば自分が動けばいい」**という思考が働くせいか、承継後は「会長」という立場に納まって実権を握り続ける……というケースが少なくないのです。

なかには、株式の過半数を保有したまま社長職を退くという方も多く、後継者（社長）への権限委譲がなかなか進まないケースも多く見られます。最終的には、

不満が高まった後継者と対立構造になる、あるいは現場社員が愛想を尽かして退職するといったように、承継前よりも状況が悪化することが多々あります。

▼事例2　先代経営者が「自分のやり方」をいつまでも押し付けている

属性：運送業
売上：約10億円
先代経営者：75歳
後継者：未定

この事例の先代経営者は経営センスが高く、マーケティングや営業などさまざまな面でリーダーシップを発揮していました。会社は長期にわたって安定的に成長し続けていましたが、70歳を過ぎたあたりから体力や集中力に不安を覚えるようになり、ようやく事業承継を決意したという経緯です。

後継者は、自社の役員でした。人徳があって従業員や取引先からの信頼も厚く、

「あの人が後継者だったら大丈夫だろう」と、誰からも思われていました。

ところが、事業承継をしてまもなく、この後継者は代表の座を退き会社を辞めてしまいました。その理由は、**先代経営者が自分と同じやり方を強く指示し、後継者の裁量を認めなかったから**です。

後継者は優秀な人材ではありましたが、そうした信頼できる人材であっても、承継直後から先代と同じ結果を出せるとは限りません。そもそも、先代のやり方が後継者にとって最適解であるわけではないのです。

経営に関するノウハウや戦略は書籍やＷｅｂなどでも数多く紹介されていますが、**「経営の絶対解」というものは、決して存在しません。**「経営の解」というのは、経営者の人柄や業界の実情、ビジネスモデルや社風、従業員の様相など、その企業に内在するさまざまな要因が相まって初めて導き出せるものです。そのため、経営者は時代や市場に合わせて常に変化し続ける**「最適解」を求める努力をするしかない**ともいえます。

今回の事例のように、後継者あるいは後継者候補に口を出しすぎてしまう経営者は、非常に多く見られます。このタイプの方は、後継者の「強みを伸ばす」より、「弱みを潰す」「自分のやり方に近づける」方向にアドバイスしたがる傾向があるようです。

しかし実は、そうしたアドバイスはまったく不要で、本当に会社や後継者のためを考えるのであれば、**「任せる勇気」**を持つことも大切です。さもなければ後継者は成長できないどころか、この事例のように突然辞めてしまう恐れもあることを、あらためて覚えておいていただきたいと思います。

失敗パターン3

後継者が見つからない

いまや、中小企業の後継者不足が深刻な社会問題となっています。帝国データバンクの「全国企業『後継者不在率』動向調査」によると、２０２０年までの企業の後継者不在率は、65％程度で推移しています（左図）。

ただし、２０２１年は61・５％で、これは調査を開始した２０１１年以降で最低の数字となりました。これには次の３つの理由が想定されます。

①新型コロナウイルス感染症による事業環境の変化などで、高齢者の経営意欲が低下し、後継者決定の動きが強まったこと

②「事業承継税制」の活用が推進されたこと

③中小企業の経営資源の引き継ぎを後押しする「事業承継補助金」の運用や、

後継者の不在率動向は？

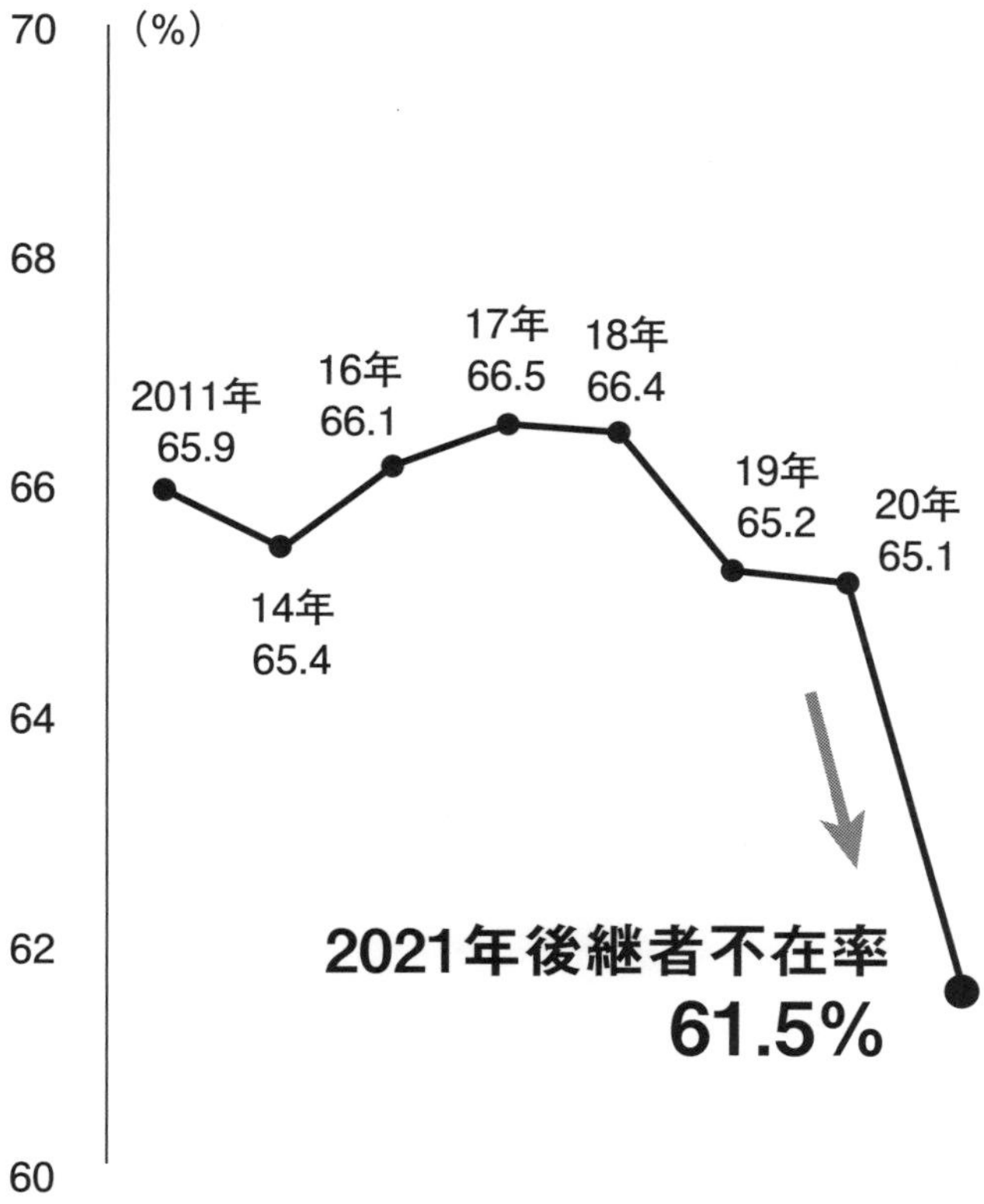

帝国データバンク「全国企業『後継者不在率』動向調査（2021年）」をもとに作成

経営・幹部人材の派遣、M&Aマッチング支援など、円滑な事業承継に向けたサポートが加速したこと

同じ調査によると、2021年の事業承継に占める「同族承継（親族内承継）」の割合は38・3%でした。全項目中最も高い数字となっていますが、2017年からは3・3ポイントの低下となっていることから、親族内承継の割合は縮小傾向にあることがわかります。

それに代わって存在感を発揮しているのが、血縁関係によらない役員などを登用した「内部昇格」で、2021年では31・7%を占めている状況です。

いずれにせよ、企業の約60%が後継者不在という状況では、**「具体的な後継者候補はいないが、事業を継続していきたい」**と考える経営者は、早い段階から後継者のリストアップや募集を始めなければなりません。たとえ**後継者候補がいる場合でも、油断は禁物**です。会社に十分な魅力がなければ、承継前に会社を去ってしまうという恐れもあるからです。

▼事例3　頼みの綱であった息子に、承継を拒否されてしまった！

属性：小売業（店舗販売）
売上：約10億円
先代経営者：70歳
後継者：未定

この企業は創業して40年近く、地域密着型のスーパーを複数店舗構えていました。創業からの年数が長く優良企業に見えますが、会社の現況は問題だらけでした。店舗の建物や内装はボロボロで、仕入れや販売方法も昔の方法を採用したままで改善意欲も特になく、借金も多く、経営状況は良いとはとてもいえない状況でした。

先代経営者は息子さんを後継者候補としていたのですが、その思惑として「息子ならなんとかしてくれるだろう」という安易な気持ちがあったようです。「早く承継して手を引きたい」という思いも見え隠れしていて、会社としての魅力が乏しいことに気づいた息子さんは、事業承継を辞退することを父親である先代経営者に伝えました。

そこで先代経営者は廃業を考えたのですが、借金もあるために簡単にはやめられない状態で、結局現在も事業を続けています。

当たり前ではありますが、会社の魅力がゼロであれば、そんな会社を引き継ごうとは誰も思いませんよね。一国一城の主である経営者になれるとはいえ、将来性がなく破綻するリスクが高いビジネスを継ぐ人なんて、いるはずはありません。

しかしこれは逆にいえば、**魅力をつくる（引き出す、再定義する）ことができれば、後継者候補は見つかる**ということでもあります。

これまで私が関わった経営者の方でも、「うちの会社に魅力なんてない」と言う方がたくさんいたのですが、**事業承継を考えるくらい長く続いた会社である以上、必ずなんらかの魅力があります。**

その魅力に気づくことができれば、自社ならではの強みとしてアピールしていくことも可能です。これについては第3章で詳しくお話ししますが、魅力の発信というのは後継者探しにもつながることであり、事業承継を行ううえで先代経営者がまず取り組むべきことでもあります。

後継者候補がいるにせよいないにせよ、経営者は自社の魅力を最大化することを、常に心がける必要があります。この点を蔑《ないがし》ろにして「後継者がいるから大丈夫」あるいは「いないから廃業しよう」と考えるのは、いささか安易といえるでしょう。

失敗パターン4

「家族」という欲目が働き、経営能力の有無にかかわらず後継者に指名する

世界を見渡せば、有名企業の中にも同族企業が数多く存在します。左図を見て、「えっ、あの企業も同族経営なの!?」と驚かれるかもしれません。

日本の上場企業は、ファミリービジネス（同族経営）が53％、単独経営が10％、一般企業が37％という構成で成り立っています。同族企業は、もしかすると私たちがイメージするよりもはるかに多く存在し、経済の中心を担っているともいえますね。

同族企業が多いというのはなにも日本に限った話ではなく、実は「S＆P500」にランキングされる企業のうち、３分の１が同族企業といわれています。

従来の経営学では、「同族経営＝古い統治体制」と見なされていました。現に同族経営は、アメリカの学説で「富の独占」「お家騒動」「能力不足の息子の世襲」

国内・海外の同族企業の一例

企業名	国	一族名
トヨタ自動車	日本	豊田一族
パナソニック	日本	松下一族
サントリー	日本	鳥井一族
阪急電鉄	日本	小林一族
東急（東京急行電鉄）	日本	五島一族
ブリヂストン	日本	石橋一族
キヤノン	日本	御手洗一族
日本生命	日本	弘世一族
味の素	日本	鈴木一族
江崎グリコ	日本	江崎一族
武田薬品工業	日本	武田一族
ヤンマーホールディングス	日本	山岡一族
読売新聞	日本	正力一族
マツダ	日本	松田一族
ウォルマート	アメリカ	ウォルトン一族
フォード	アメリカ	フォード一族
バークシャー・ハサウェイ	アメリカ	バフェット一族
BMW	ドイツ	クヴァント一族
フォルクスワーゲン	ドイツ	ポルシェ一族
プジョー	フランス	プジョー一族
ディオール	フランス	アルノー一族

などのリスクが指摘されており、「企業は成長する過程で、所有と経営の分離を進めるべき」という考えが主流だったのです。

しかし最近の研究では、同族経営に対してポジティブな評価も出ています。ノースウェスタン大学ケロッグ経営大学院のジャスティン・クレイグ客員教授は、S&P500のようなアメリカを代表する企業に対し、**「同族企業は、非同族企業の業績を上回る」**という見解を発表しました。他の多くの研究者も、ROE（自己資本利益率）や利益の伸び率といった項目で同族企業の優位性を見出しており、欧州でも同様の結果が出ています。

同族企業のメリットとしては、次の4つが挙げられます。

①創業家が大口株主であることで、「株主の利害」と「経営者の利害」の齟齬が出にくい
②「もの言う株主」となって、経営の暴走を抑えることができる
③目先の利益よりも、長期的な繁栄を目指し、結果としてブレのないビジョンや戦略を取りやすい

④創業家が持ち得る人脈や名声が、経営に貢献できる

私自身、公認会計士・税理士として同族企業の税務顧問やコンサルティングを行うなかで、同族企業の強みを痛感しています。事業承継においても、同族（親子）だからこそスムーズに承継できた例は珍しくありません。

同族経営の場合、お子さんである後継者は、小さいときから経営者としての親の背中を見て育ってきています。そのため、経営の細かい内実はわからないにせよ、従業員や取引先を大切にする気持ちや、経営者としての責任感などを体感として学び、持ち合わせているものです。

ところが中小企業や零細企業の場合、「家族だから」という盲目的な信頼によって、経営能力がない我が子を後継者に据え、失敗してしまう例が非常に多いのです。

▼事例4　「自分の時間がほしい」という気持ちを優先し、無理やり承継したが……

属性：サービス業（産廃）
売上：約5億円
先代経営者：80歳
後継者：43歳（娘）

創業から50年近く経つこの企業は産廃関連会社で、ニッチな分野ではありますがクライアントや従業員からも信頼されており、着実な経営を続けていました。ただ、先代経営者にはひとつだけ心残りがありました。それは、お子さんが小さい頃に一緒に過ごす時間が少なかったことです。

先代経営者は創業以来、一生懸命に会社経営を行っていましたが、あまりの忙しさから、「会話どころか、寝顔しか見ることができなかった」「休日も、どこにも連れていってやれなかった」「入学式や運動会などのイベントにも参加できなかった」といった思いがありました。

実は、こうした後悔を抱く経営者は珍しくありません。日本政策金融公庫の「2019年度新規開業実態調査」によれば、起業者の平均年齢は43・5歳。起業者のうちの36％は40代、33・4％は30代で創業し、自分自身のビジネスをスタートさせています。1991年度の調査開始時点における起業者の平均年齢は38・9歳でしたから、少子高齢化などの影響を受けて、起業の平均年齢は上昇傾向にあるといえます。

30〜40代といえば、子育て真っ只中の世代です。もちろん手はかかりますが、我が子が日々成長していく姿を見るのは、親にとって生きる糧ともいえるはずです。しかし起業したての頃というのは多くの場合、経営も不安定で、経営者は文字どおり休む暇もない時期です。家族と過ごす時間が取れないのも当たり前で、数年あるいは十数年が経ってやっと軌道に乗ってきたという状況になり、ようやく家族のほうを振り返っても、妻や子どもとの間には大きな溝ができていた……という話も実際によく聞きます。

この事例の先代経営者も、まさに同じパターンです。「これまで会社第一の人生を送ってきたから、これからは家族のために何かしてあげたい」「そのための時間がほしい」という気持ちを強く抱き、自身が80歳に近づいたタイミングで娘さんに会社を継がせることにしました。しかし娘さんにはリーダーシップがなく、事例1の後継者と同様、経営者としてふさわしくない人物だったのです。

承継こそしたものの後継者は目先の利益を優先して行動するタイプで、承継後まもなく経営に致命的な損害を与え、1年も経たずに事業は廃止となりました。その後、先代経営者も心労から持病が悪化し、お亡くなりになったのです。

このように、**何の準備を何もしないまま「親族」という理由だけで後継者を選ぶと、ほぼ確実に会社が立ち行かなくなってしまいます。**

とはいえ、最初から経営者に必要な能力をすべて備えている人は、まずいません。だからこそ、承継前に経営者としての「器」や「能力」を育てる期間を設ける必要がありますが、なかには人格などの面から、経営者に向いていない人もいます。先代経営者は、自分の子どものことだとフィルターがかかって正しい判断を下しにくくなるため、後継者候補を選定する段階で第三者の意見を聞くことが大切です。

失敗パターン 5

相続トラブルが発生

日本政策金融公庫が、すでに後継者が決まっている企業を対象に「事業承継の際に問題になりそうなこと」を調査したところ、回答の第1位は「後継者の経営能力」で、回答率は実に32%でした。そして2番目に多かったのが「相続税・贈与税の問題」（23・7%）です（42ページ図）。

親族内の事業承継を行う場合、単に社長交代の手続きを行うだけでなく、株式の移転も行われます。株式承継の方法には、大きく分けて**「贈与」「譲渡」「相続」**の3つがあり、いずれも税金が発生します。

・贈与：後継者（子ども）に対して「贈与税」がかかる
・譲渡：先代経営者（親）に対して「譲渡所得税」がかかる

事業承継の際に問題になりそうなことは？

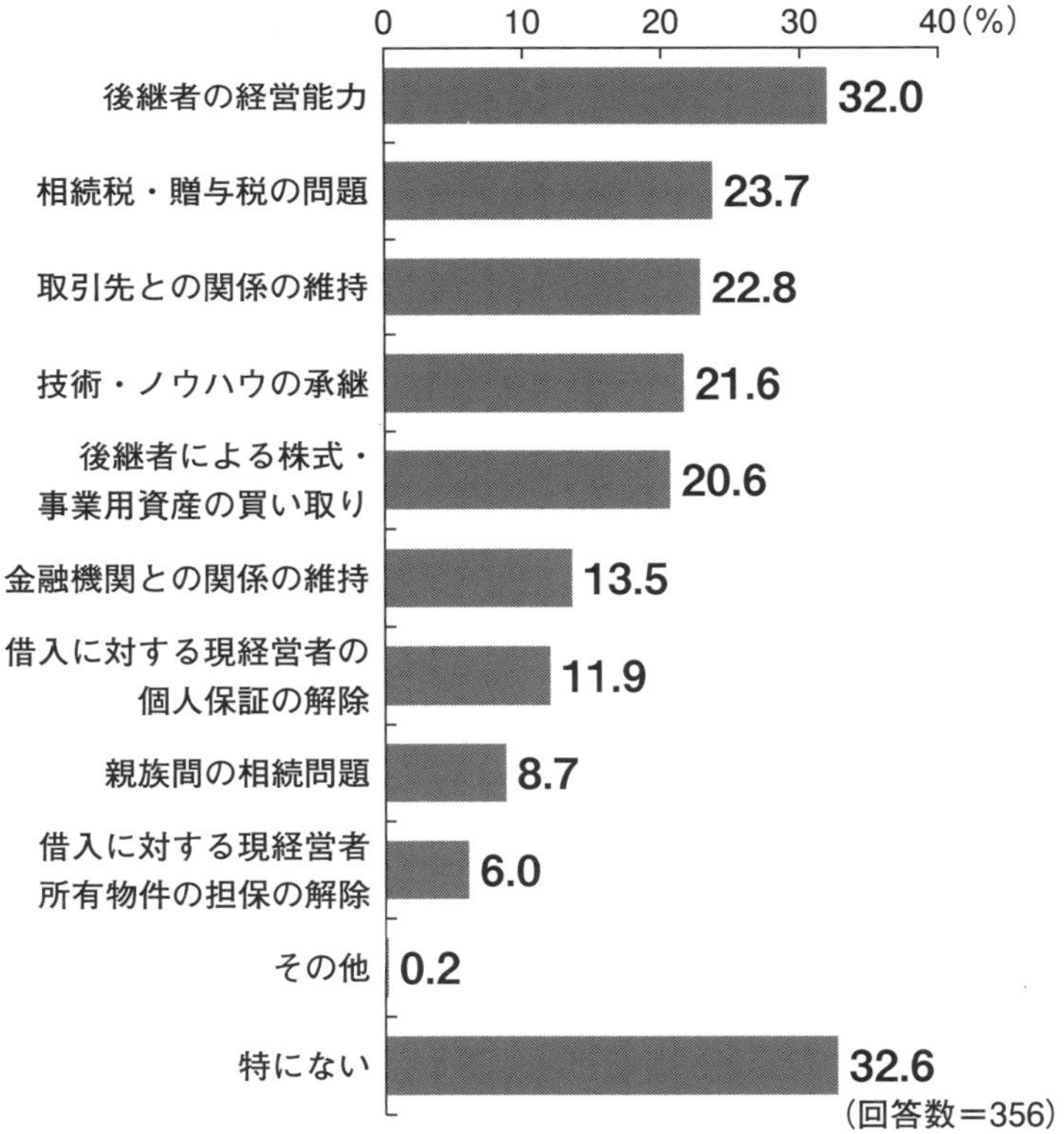

日本政策金融公庫「中小企業の事業承継に関するインターネット調査」（2020年）をもとに作成

・相続：後継者（子ども）に対して「相続税」がかかる

「贈与税」「相続税」「譲渡所得税」のいずれに対しても、承継する自社株評価に応じて税金が計算されます。自社株式の評価額は、優良な企業であるほど高くなります。

ここで注意すべき点があります。現在事業承継を検討している世代には、数十年前に少額の資本金で会社を立ち上げた人も多くいます。ところが、**「現在の自社株式の価値が投資額よりもはるかに上回っていること」**を知らない経営者が大多数なのです。

たとえば、自社株を1億円程度の価値だと考えていたのに、承継時に蓋を開けてみたら、実際には3億円、4億円だったというケースも珍しくありません。想定以上の納税資金が必要となり、借金して相続税や贈与税を支払わなければならないという状況に陥る場合もあります。

▼事例5　相続税の納付資金が足りない！

属性：製造業（医療器具製造）
売上：約15億円
先代経営者：71歳
後継者：28歳（娘）

この先代経営者は後継者育成や社内周知などの準備をちゃんと進めていて、突然亡くなったときにも問題なく後継者に承継できると思われていました。しかし、いざ承継という段になって、株式以外の相続財産が少ないという問題が起こったのです。

結果として、承継は完了したものの、後継者は発生した相続税を支払うだけの現金がなく、仕方なしに借金して相続税を支払うことにしました。この返済が続くなかで、「自分はいったい、なんのために承継したのだろうか」と、後継者は働く希望を見失ってしまったのです。

一般的に経営者の相続というのは、多額の相続税が発生しますから、納税資金を確保できるかは非常に深刻な問題です。このケースでは借金という選択をしましたが、現実には自社株の買い取りをあきらめ、事業を引き継がず廃業させることにしたケースもあります。

事業承継で利用可能な資金調達方法としては、主に次の４つがあります。

①日本政策金融公庫の融資を受ける
②信用保証協会から特別保証を受ける
③民間金融機関からの融資を受ける
④事業承継補助金（事業承継・引継ぎ補助金）を受ける

ほかにも、事業承継税制を利用することで、さまざまな要件を満たす必要はあれど、相続税や贈与税の支払いを猶予することも可能です。この税制については第6章で詳しくお話ししますが、事業承継で起こり得る「納税資金の不足」――この事例のように先代経営者が亡くなった場合には「相続税に対する支払資金」、先代経営者が存命中に承継が発生する場合には「贈与税に対する支払資金」――

については、いずれも事前に対策を講じることで、払えないというリスクを最小限に抑えることができるのです。

なお、事業承継の相続トラブルはほかにもあります。たとえば、株式以外の相続財産が少なかったことから相続時に株が分散するケースです。この場合、株主の不適切な発言が増えてしまい、後継者が精神的に追い詰められて事業を手放すという話も実際にありますが、株式を分散させないために、次のような方法を実施する必要があります。

・先代経営者が元気なうちに生前贈与する
・遺言書を作成し、株式を受け継ぐ後継者を明示する
・遺留分減殺請求への対応を講じる
・信託を活用して株式を集中管理する
・種類株式を発行する
・持株会社を設立する

いずれも専門的な話になるのでここでは割愛しますが、相続で自社株を分散させない方法があることは、しっかり覚えておいていただければと思います。そして、そのために大切なのは、やっぱり準備なのです。

失敗パターン6

株主が多すぎて頓挫してしまう

株主（株式会社の出資者）は、原則的に出資割合に応じた議決権を持っています。これを「1株1議決権の原則」と呼びますが、株主総会で会社の運営について決議するには、「議決権の過半数」の賛成が必要です（＝普通決議）。また、重要な事項について決議する場合は、「議決権の3分の2以上の賛成」が必要となります（＝特別決議）。

普通決議

発行済株式総数の過半数を持つ株主が出席し、出席した株主の議決権の過半数をもって成立する決議のこと。

対象：決算の承認、取締役・監査役の選任、取締役・監査役の報酬、株式の配当など

特別決議

発行済株式総数の過半数を持つ株主が出席し、出席した株主の議決権の3分の2以上の賛成をもって可決となる決議のこと。

対象：定款の変更、営業の譲渡、減資、会社の解散・合併契約の承認など

株式上場していない中小・零細企業の場合、経営者が全株式を保有しているケースも多いのですが、なかには「友人・知人と立ち上げた」「兄弟姉妹・配偶者と資金を出し合った」といったパターンもあります。このような場合、ご自身で過半数あるいは3分の2以上の株を保有していれば、経営の意思決定に関わるリスクは基本的に生じません。

ところが、1株でも所有している株主がほかにいると、意思決定には影響は及ぼさなくとも意見は言えますし、さまざまな資料を閲覧する権利もあります。つまり、**1株でも持たれていると、経営者にとってはとても面倒な事態が起こる**のです。

▼事例6　株主が多いために、事業承継を断念

属性：製造業（機械組立）
売上：約6億円
先代経営者：70歳
後継者：未定

先代経営者は、親族で資金を出し合ってこの企業を立ち上げました。本来であれば先代が若いうちに株の集約をしておくべきでしたが、そのまま時が経ち、親族の相続によって株がさらに分散してしまいました。

結果として経営する会社とはまったく関係のない株主が増え、なかには「経営を変えるべき」「配当がほしい」などと口を出す株主も出てきました。もちろん、彼らは株式の過半数を保有しているわけではないので意見を反映する必要はないのですが、それでも経営者にとっては結構なストレスになります。

親族外（従業員）承継を検討した時期はあったものの、後継者候補からは株主が多いという理由で断られ、先代経営者は「もう後継者は見つからないだろう」

と、事業承継をあきらめることにしたのです。

こうした中小企業の株に関わる問題は、私も見てきました。事業承継前に株式を整理することが一番ですが、あまりに複雑な場合は、いっそのこと事業承継せず、一から起業することを勧めるケースもあります。

「うまくいっているとき」が、事業承継の準備を始めるベストタイミング

経営者の多くは、事業がうまくいかなくなってから事業承継を考え始めるものです。しかし先の6つの事例のように、事業承継の検討・実施フェーズに入って初めて表面化する問題もたくさんあります。こうした問題の解決を先送りにして、**「事業承継後になんとかすればいい」と考えても、実際にはどうにもならないことが多い**のが、事業承継の怖いところです。

しかしその一方で、早い段階から事業承継の準備を進めておけば、自社の魅力や存在意義をあらためて見つけたり社員のモチベーションを上げられたりなど、さまざまなメリットもあるのです。

会社の将来を決めなければならないタイミングは、いつか必ずやってきます。

早いか遅いかというのは人それぞれですが、いずれにせよ来る事業承継を成功さ

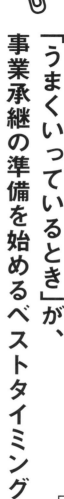

せるためには、経営がうまくいっているときから準備をしておくことが不可欠です。すると後継者の育成や、納税準備の資金を用意する十分な時間もできますし、経営状態が良好であれば、税金対策の選択肢も幅が広がります。

焦って事業承継をしても、良いことはひとつもありません。少しでも早い段階で準備に取りかかるべきだということをしっかり認識していただいたうえで、第2章では事業承継の具体的なメリットについて理解していきましょう。

第2章

「事業承継の本質的な意義」を理解する

事業承継の意義とは何か

　そもそもの話となりますが、本書をお読みのみなさんは、事業承継とは何か、ご存じでしょうか？——こんな質問をすると「馬鹿にするな」と憤るかもしれませんが、これまで私が出会ってきた中小企業経営者のなかには、事業承継の意義を履き違えている人が少なからずいらっしゃいました。

　事業承継とは、シンプルにいえば**「社長の交代」**を意味します。経営者からすれば「社長を辞める」、後継者からすれば「社長になる」ということですね。

　中小企業の経営者のなかには、「後継者が決まったら終わり」と勘違いしている方が散見されます。そのため、事業承継の準備を進めていたとしても、その過程では「社長」としての自意識が残ったまま社員や取引先と接することも多いようです。すると結局、自分では承継を見据えて会社と距離を置いているつもりでも、周囲からは「あれ、社長はまだ当分会社に残り続けるのかな……」などと思われることもしばしばです。

しかしこれでは、場合によっては前章で解説したような「承継後も経営に関わり続けてしまい、嫌気がさした後継者が逃げ出してしまう」という失敗パターンに発展してしまいかねません。

長年経営してきた会社と距離を置くというのは、頭ではその重要性を理解していても、実際には難しいものです。特に何十年と会社経営を続けてきた方であれば、「明日から会社のことは考えなくていい」と言われても、すぐに頭を切り替えられるものではありません。

なかには、「自分は社長として十分に頑張ったから、あとは後継者に任せよう」と、社長業をすんなり離れ、趣味やボランティアに打ち込んでセカンドライフを楽しむ方もいますが、私の経験上そうした人はごく少数派です。

しかし、これまで繰り返しお話ししてきたように、**事業承継とは「次世代に企業を残す」という社会的に大きな意義を持つ行い**であり、会社のみならず経営者にも後継者にも、さまざまなメリットをもたらしてくれます。ですからどんな背景があるにせよ、廃業か否かを一個人の感情で決めるのは非常にもったいないことだと私は考えています。

そこで本章では、事業承継がどんな点において意義深いものなのか、そして具体的にどのようなメリットがあるのかを解説していきましょう。

メリット1 社会的に存在意義のあるものを残せる

大前提として、どんな会社であれ、売上があり得意先がついていて、社員もいるということは、社会的に求められている存在だということがあります。私は、**そのようなニーズの高い存在を絶やしてしまうということは、社会として大きな損失である**と考えています。

これは、事業承継すべきかどうか悩んでおられる経営者の方々から相談を受けたときに、私が最初に投げかける言葉でもあります。

ほとんどの経営者は、事業承継を考え始めたときには「自分の周り」しか見えていないようです。「社会全体」という視点を持って俯瞰的に自社を捉えられる人は、さほど多くはありません。

そもそもの話、事業承継を考える動機としては、「そろそろ体力的に厳しくなったから」「もう経営に疲れたから」といったように、経営者個人の感情や事情が主となることが少なくありません。このときに気にかかるのが、そうした経営者の方々は、まるで**「会社＝自分」という感覚で自社の将来を決めている**ように見受けられることです。

中小企業庁のデータによれば、創業5年での企業の生存率は、およそ40％です。わずか5年で半分以上の会社が倒産・廃業しているという実情を考えると、10年、20年と続いている企業には、経営者の能力やセンスの高さがあらためて痛感させられます。時代に求められていたという点でいえば、運をも味方につけていたといえるかもしれません。

ここで本書をお読みのみなさんには、これまでの自社の歩みをあらためて振り返っていただきたいと思います。「売上は右肩上がり、トラブルはまったくなく、淡々と成長し続けてきた」という方はまずいないことと思います。もしかすると、「ありえないミスをした」「社員や取引先に裏切られた」「借金が返せなくて途方に暮れた」といったように、振り返れば笑い話になるかもしれませんが、当時は真剣に悩み、傷つき、廃業や倒産が直前に迫った経験を少なからずお持ちのことと想像しています。

あらゆる会社がそんな苦労の時期を乗り越え、今の会社の姿に至っているわけです。つまりそれは、**経営者ひとりの力によってだけではなく、取引先や社員など多くの人の力によって成り立っていたということであり、それこそが「社会的な存在意義」の証明となっています**。

日本を代表する経営者である松下幸之助は、企業の社会的責任として、次の3つを挙げています。

①企業の本来の事業を通じて、社会生活の向上、人びとの幸せに貢献していくこと
②その事業活動から適正な利益を生み出し、それをいろいろなかたちで国家社会に還元していくこと
③そうした企業の活動の過程が、社会と調和したものでなくてはならないこと

私は、長年この社会に存在し続けられた会社は、この3つを必ず満たしている

と考えています。最近では「CSR（Corporate Social Responsibility／企業の社会的責任）」という言葉がよく取り上げられるようになりました。これは企業を「社会の一部」と捉え、自社の営利だけでなくより幅広いコミュニティ・社会に対して利益をもたらす行動を訴える概念を指しますが、実はこのCSRというのは、約50年前に提唱された歴史のある考え方です。

左図は、日本におけるCSRの受容をまとめたものです。日本では1956年に、経済同友会が「CSR決議」を行い、以来、ほぼ10年周期でCSRへの関心が高まっていることがわかります。

ニッセイ基礎研究所「日本におけるCSRの系譜と現状」によれば、CSRがより世間一般に注目されるタイミングは、企業不祥事と関係していると説明されています。

CSR論議が大きな〝うねり〟となって湧き上がる時は、社会の企業に対する価値観が大きく転換する時と一致する。日本では1970年代と2000年代に顕著に現れている。いずれも企業不祥事に代表される企業体質のネガティブな側

日本におけるCSRの時代区分

起点（1956年）：経済同友会のCSR決議

第１期（1960年代）
産業公害に対する企業不信・企業性悪説
⇒住民運動の活発化、現場での個別対応

第２期（1970年代）
石油ショック後の企業の利益至上主義批判
⇒企業の公害部新設、利益還元の財団設立

第３期（1980年代）
カネ余りとバブル拡大、地価高騰
⇒企業市民としてのフィランソロピー、メセナ

第４期（1990年代）
バブル崩壊と企業倫理問題、地球環境問題
⇒経団連憲章の策定、地球環境部の設置

第５期（2000年代）
相次ぐ企業不祥事、ステークホルダーの台頭
⇒SRIファンドの登場、CSR組織の創設
⇒2003 年は「CSR経営元年」

ニッセイ基礎研究所「日本におけるCSRの系譜と現状」をもとに作成

一面が、市場や社会から厳しい批判を受けたことが直接の契機となっている。

そして2010年代、2020年代になると、「サステナビリティ（持続可能性）」「気候変動」の重要性が説かれるようになり、「企業の社会的責任」を求める風潮がますます高まってきます。さらに「SX（サステナビリティ・トランスフォーメーション）」や「サステナビリティ経営」といった言葉がコンサルティング業界やビジネスメディアでも話題になり、企業に対して社会的役割を求める趨勢は、今後しばらく続くと見られます。

私自身も会計事務所と会社を経営していますが、中小企業を経営していると、どうしても目先のクライアントや従業員、資金繰りのことなどに気を取られてしまいがちです。日々仕事をするなかで、「自分の会社は社会にとって、どんな役割を担っているのだろう」と時間をかけて考える余裕はありません。

そのため、「自分の会社なんて残すほどのものじゃない」「自分が好きで始めたことだから、自分の手で幕を下ろすべきだ」という思考に陥ってしまうのかもしれませんが、こうした思い込みによって廃業を決断するのは、あまりに短絡的です。「社会的責任」という観点で自社のありようを見つめれば、「廃業」以外の選択肢が必ず出てくるはずです。

私は、事業承継をする最大のメリットは、**自分の死後、社会に貢献し続けてくれる公器を残せること**だと考えています。「過去・現在において、会社がどんな人に貢献してきたか・しているか」を振り返ってみれば、自分の会社が多くの人の努力や支えによって成り立っていること、奇跡ともいえるほどの出会いが積み重なって続けられていること、そして経営者の手を離れて生きていけるほどの「魂」を持っていること、何よりも廃業したら、生活に困ったり悲しんだりする人が実はたくさんいることに、気づけるかもしれません。

いわば、事業承継を考え始めたときこそ、こうした「自分の会社の存在意義」を見つめ直すタイミングなのです。これを機会に、そして事業承継を成功させる具体的な手法を学ぶ前に、自社の存在意義についてぜひ考えてみていただきたいと思います。

メリット 2

ゼロから起業するよりもリスクが低い

これは後継者目線でのメリットです。事業承継をすることで、後継者はゼロから会社を立ち上げる必要がなくなり、既存の事業を引き継いでスムーズに社長となることができます。一国一城の主になることを目指す後継者にとっては、すでに事業や器が準備されているということは、事業をゼロから起こすよりもリスクがはるかに低く、大きな利点となるのです。

起業に関心がある人でも、実際に起業するまでにはさまざまな関門があります。日本政策金融公庫の「起業と起業意識に関する調査」（２０１７年）によれば、起業関心層に対してまだ起業していない理由を尋ねたところ、1位から順に「自己資金が不足している」（58・６％）、「失敗したときのリスクが大きい」（37・5％）、「ビジネスのアイデアが思いつかない」（34・６％）となりました（左図）。

起業関心層が起業をしていない理由は？

（単位：%）

経営資源	自己資金が不足している	58.6
	外部資金の調達が難しそう	17.2
	従業員の確保が難しそう	10.8
取引先・立地	仕入れ先・外注先の確保が難しそう	11.9
	販売先の確保が難しそう	10.2
	希望の立地が見つからない	6.2
アイデア・知識・資格	ビジネスのアイデアが思いつかない	34.6
	財務・税務・法務など事業の運営に関する知識・ノウハウが不足している	24.0
	製品・商品・サービスに関する知識や技術が不足している	22.2
	仕入れ・流通・宣伝など商品等の供給に関する知識・ノウハウが不足している	21.4
	起業に必要な資格や許認可などを取得できていない	15.1
周囲との関係	起業について相談できる相手がいない	17.4
	勤務先をやめることができない	10.1
	家族から反対されている	4.3
その他の不安	失敗したときのリスクが大きい	37.5
	十分な収入が得られそうにない	27.1
	健康・体調面に不安がある	9.0
	家事・育児・介護等の時間が取れなくなりそう	7.9
その他		0.9
すでに起業の準備中である		0.7
特に理由はない		8.7
全体		100

日本政策金融公庫総合研究所「起業と起業意識に関する調査」（2017年）をもとに作成

読者のみなさんも、かつてはこうした悩みを抱いた経験をお持ちかもしれませんが、起業してからもさまざまな問題が起こります。

別の調査によれば、起業した人の月商（1カ月あたりの売上高）は、「30万円未満」が42・1％、「30万円以上50万円未満」が14・7％と、決して裕福とはいえない実情です（左図）。月30万円ということは、年収にすれば360万円ほどですが、経費を考えたら毎月の手取りは20万円代といったところです。

国税庁や厚生労働省の調べでは、日本人の平均年収は約433万円、年収の中央値は約399万円ですから、起業して社長となっても、その半数近くが一般人の平均年収よりも稼げていないというのは、非常に厳しい現実です。

こうした状態は、経営者の収入面だけではなく経営的にも厳しいものがあり、このくらいの売上規模であれば、少し受注が減っただけで経営が一気に傾くことも大いにあり得ます。

帝国データバンクの調査によると、2022年上半期の企業倒産件数は3045件でしたが、そのうち「不況型倒産」が2379件で、全体の78・1％となり

1カ月あたりの売上高は？

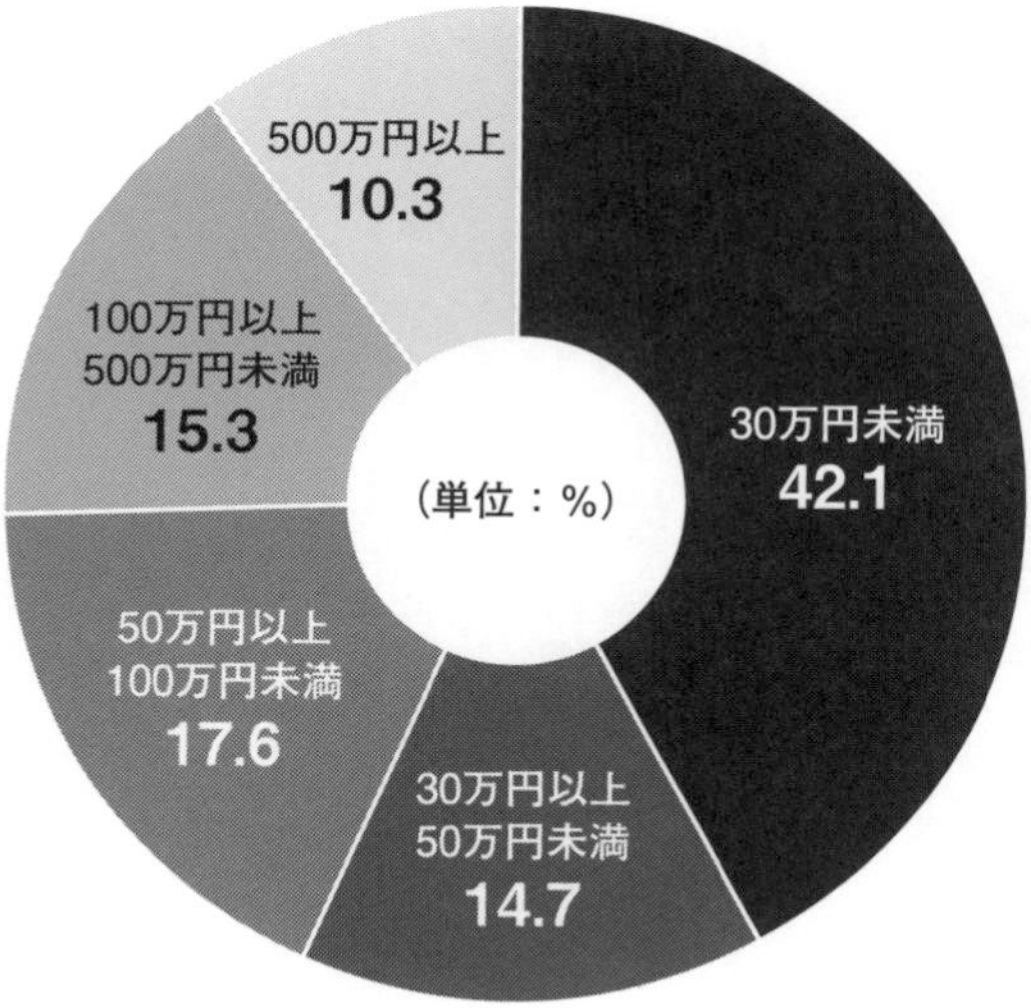

（回答者数＝592）

（注）「わからない」「答えたくない」を除いて集計

日本政策金融公庫総合研究所「起業と起業意識に関する調査」（2017年）をもとに作成

ました。「不況型倒産」の内訳は、2379件のうち2330件が「販売不振（売上高が減少し利益が出ない）」です（左図）。会社経営において、売上を上げて利益を残すことがいかに重要かつ難しいことであるかがわかります。

この倒産企業数でいえば、2021年の倒産企業数は約6000件と、リーマンショックが起きた2008年（1万3000件以上）以降、倒産企業数はずっと減少しています。2020年以降は、新型コロナウイルス感染症の影響で厳しい状況を支えるための各種支援策による影響も大きいと予想されますが、この原稿を書いている2022年9月時点では、歴史的な円安による物価高も社会問題となっており、決して楽観できない状況です。

これらのデータは、どんな時代であっても倒産リスクは常に付きまとっていて、なんとか経営が続けられても、経営者が得られる収入は非正規社員と同程度のケースが約半数という、起業の過酷な現実を教えてくれます。

しかし事業承継であれば、取引先も従業員も存在する状態からスタートできるので、後継者の精神的負担は起業よりもかなり軽減されます。実際、「ゼロから倒産の理由は？

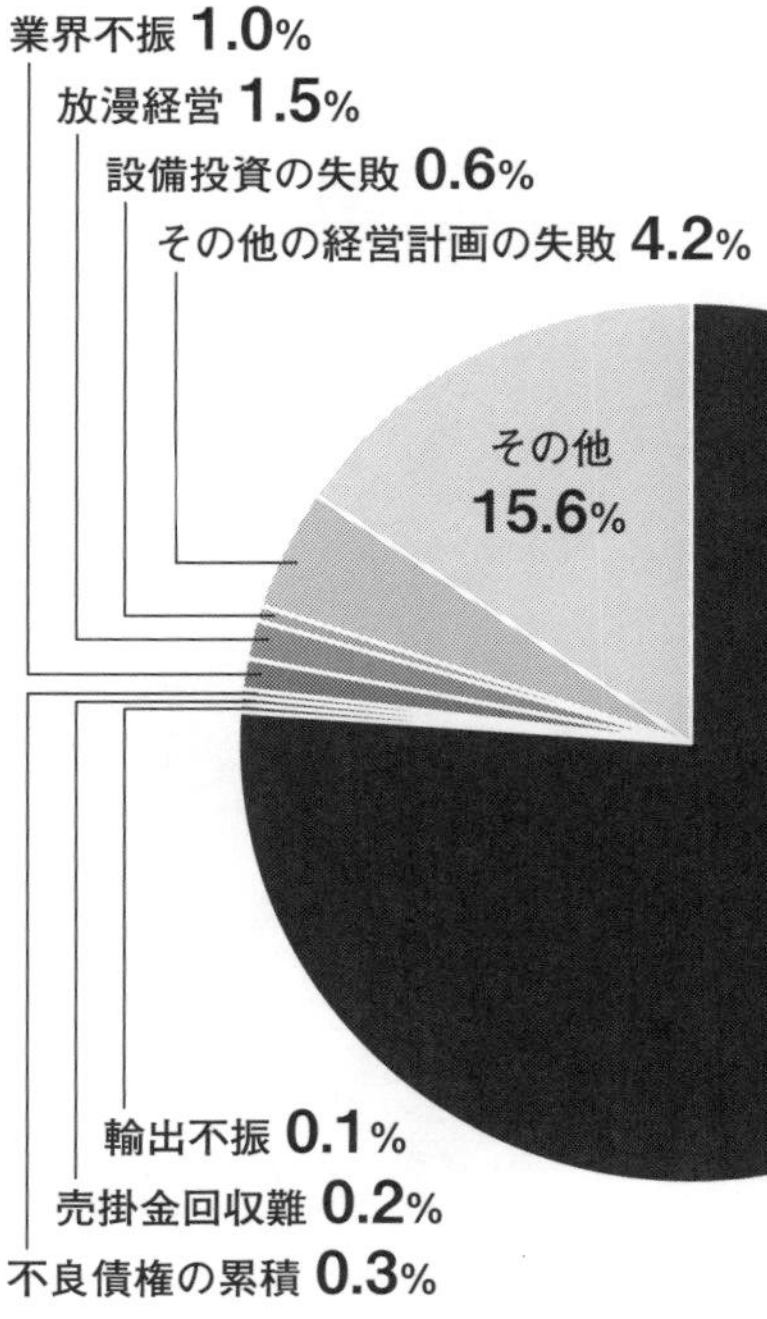

帝国データバンク「全国企業倒産集計2022年上半期報」をもとに作成

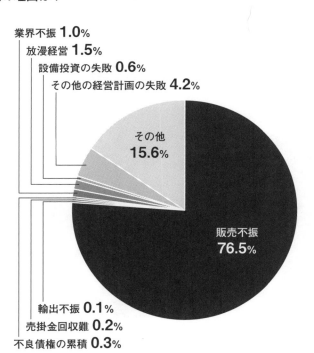

起業するほどの勇気はないけれど、事業承継なら興味がある」と答える後継者候補にもよくお会いしますが、事業承継は、このような後継者の起業ニーズを満たす新たな選択肢となり得ることを感じています。

もちろん、経営を引き継ぐことは容易ではないですし、相応の覚悟も求められますが、それでも特に後継者不足で悩んでいる中小企業経営者の方々には、**後継者候補は意外と存在する**という事実をわかってほしいと考えています。その意味でも、**「経営は大変なものだから、誰も引き継がないだろう」と思い込んでしまうのは、やはりもったいない**ことといえます。

事業承継税制を活用することで、贈与税・相続税が猶予になる

事業承継を考えている経営者や後継者にとって大きな悩みのひとつが、**会社の株式を贈与、相続するときの税金（贈与税・相続税）**です。

現に、「事業承継はしたいけれど、贈与税・相続税が高額すぎて、納税資金を確保できない」「株式以外の相続財産が少なかったため、やむを得ず相続税を借金で支払うことになった」といったケースも多く、そうした事業承継にかかる贈与税、相続税の負担が猶予になる制度が「事業承継税制」です。詳しい利用条件・手順は第6章で解説しますが、ここでは簡単に制度の概要を説明しましょう。

国税庁の資料によると、事業承継税制（正式名称：法人版事業承継税制）は以下のように説明されています。

――法人版事業承継税制は、後継者である受贈者・相続人等が、円滑化法の認定を

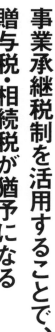

受けている非上場会社の株式等を贈与又は相続等により取得した場合において、その非上場株式等に係る贈与税・相続税について、一定の要件のもと、その納税を猶予し、後継者の死亡等により、納税が猶予されている贈与税・相続税の納付が免除される制度です。

「非上場株式等についての贈与税・相続税の納税猶予・免除（法人版事業承継税制）のあらまし」より

簡単にいえば、**後継者が株式を贈与・相続した場合、一定の要件を満たせば、贈与税・相続税が猶予される**という制度です。

具体的な納付税額や要件は会社によって異なりますが、場合によっては数千万円、数億円になる可能性もあります。そんな多額の税金が支払い猶予となるのであれば、経営者、後継者にとっては非常にありがたいですね。

ここで、なぜこうした優遇措置が生まれたのか、その背景についてお話ししていきましょう。

この事業承継税制は、２００９年（平成21年）４月１日に租税特別措置法が改正され、非上場株式等に係る贈与税・相続税の納税猶予制度（法人向け事業承継税制）の創設に始まります。当時から中小企業の事業承継問題（後継者不足や相続トラブルなど）が表面化して問題視されており、国としては優遇措置を設けることで事業承継する中小企業の数を増やそうという狙いがありました。

ところが実際には、**創設以来、この制度の利用件数はほとんど増えなかった**のです。その理由は、主として次のことが挙げられます。

・納税猶予の対象となる株数は総株式数の3分の2まで
・納税猶予割合について、相続は80％まで
・制度そのものが難解で、利用するための手続きも煩雑
・5年間で雇用を平均8割維持しなければならない
・納税猶予が取り消された場合のリスクが極めて大きい

事業承継税制が導入された当初の原則的な措置を**「一般措置」**といいますが、この一般措置が思ったより浸透しなかったという実情を受けて、２０１８年（平成30年）度には租税特別措置法が改正され、２０２７年度までの10年の期間限定

で特例的な措置が導入されました。この措置が**「特例措置」**です。

一般措置と特例措置とでどのような違いがあるのか、それぞれの特徴を見てみましょう。

①特例措置は「期間限定」

特例措置の適用を受けるには、2018年（平成30年）4月1日から2024年（令和6年）3月31日までに、「特例承継計画」という書類を提出しなければなりません。そして**対象となる相続・贈与は、2018年（平成30年）1月1日から2027（令和9）年12月31日までに行う必要があります**。一方で一般措置は、「特例承継計画」のような事前の計画策定等は不要で、適用期限もありません。

「特例承継計画」とは、後継者名や事業承継の予定時期、承継時までの経営見通し等が記載されたものを指します。詳しい記載内容は第6章でお話ししますが、この書類は、認定経営革新等支援機関（税務や金融等に関する専門知識や中小企業支援の実務経験を一定以上有する個人や法人等で、経済産業省の認定を受けた機関のこと）の指導および助言を受けたものでなければならないことには、ご留意いただければと思います。

一般措置と特例措置の違い

	特例措置	一般措置
事前の 計画策定等	特例承継計画の提出 平成30年４月１日から 令和６年３月31日まで	不要
適用期限	次の期間の贈与・相続等 平成30年１月１日から 令和９年12月31日まで	なし
対象株数	全株式	総株式数の最大３分の２まで
納税猶予割合	100％	贈与：100％ 相続：80％
承継パターン	複数の株主から最大３人の後継者	複数の株主から１人の後継者
雇用確保要件	弾力化	承継後５年間 平均８割の雇用維持が必要
事業の継続が困難な事由が生じた場合の免除	あり	なし
相続時精算課税の適用	60歳以上の者から18歳以上の者への贈与	60歳以上の者から18歳以上の推定 相続人（直系卑属）・ 孫への贈与

②特例措置は「１００％」が対象となる

一般措置の対象株式が「総株式数の最大3分の2まで」であるのに対し、特例措置は「全株式」が対象と、その範囲が広くなります。

③特例措置は、「贈与税・相続税がともに１００％」猶予される

一般措置の場合、贈与税は１００％猶予対象となりますが、相続税は80％までしか猶予されません。しかし特例措置であれば、いずれも１００％が猶予対象となります。

④特例措置は「後継者最大３人」が対象となる

一般措置では、対象となる後継者は1人ですが、特例措置では後継者３人までが対象となります。

⑤特例措置は「親族外承継における相続時精算課税」も適用される

一般措置では、推定相続人（直系卑属）・孫に限られていましたが、特例措置は推定相続人・孫以外の者であっても、相続時精算課税の適用を受けられるようになりました※。「相続時精算課税」とは、簡単にいえば、**贈与のときは贈与税が最大２５００万円非課税になるが、相続のときに、非課税にした分を精算して課税するという制度**です。つまり贈与のときは税金が安くなるものの、相続のときにその分課税されるので、「節税」というよりも**「税金の支払いを先送りにできる制度」**と捉えればいいでしょう。

なお、相続時精算課税を利用すると、生前贈与の年間１１０万円までの基礎控除（暦年贈与）が使えなくなるので、どちらを利用すべきかについては慎重に判断する必要があります。

※ただし、適用を受けるためには一定の要件を満たす必要があります

このように事業承継税制のメリットはとても大きいものの、**「税制を利用したい」という目的で焦って事業承継を進めるのは、非常に危険**です。現に、とりわけ相続税や贈与税が猶予されるという魅力は大きく、そこに注目するあまりに「とりあえず事業承継をしよう」という「駆け込み特例」になるケースが多く見られますが、先に述べたように事業承継とは、会社をより長く社会に存続させ、

従業員や取引先などのステークホルダーの幸福につなげるために必要な手続きであることは、しっかり意識しておかなければなりません。現に、「税が猶予される」という目先の金銭的なメリットに目を奪われて事業承継を安易に決断し、結果として残された従業員や取引先、ひいては親族までもが悲惨な目に遭ったというケースを、私は見てきました。

この制度をきっかけに事業承継を前向きに考えるというのは、とても素晴らしいことですが、その際は必ず、「なぜ事業承継をしなければならないのか」という問いに真摯に向き合っていただきたいと思います。

事業承継を成功させるには、「社会的な存在意義」という視点が不可欠

事業承継を行うメリットをご紹介しましたが、私が最も重視すべきだと考えているのが、「社会的に存在意義があるものを残せる」という点です。

これは事業承継の本質的な目的という意味で重要度が高く、私が事業承継をお手伝いしてきたクライアントの方々を見ても、**これをブレない軸として持っている経営者は、事業承継を成功させやすい**ことを確信しています。

しかし前述したように、経営者自身が自社の社会的な意義や役割などに気づいていないケースも多く、そうした方からご相談を受けるときには、私は事業についてのお話を直接うかがいながら、ステークホルダーを紙に書き出してもらっています。

これによって自社の経営がどんな人にどんな利益をもたらしているかを可視化

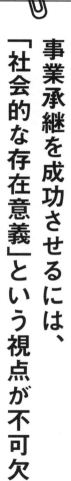

し、「事業承継をしなかった場合の損失」を具体的にイメージすることができますから、ぜひ試していただければと思います。

「企業の価値」というと、それを「企業の強み」、すなわち自社でしか持っていない技術や商品と捉える方が多いのですが、それは私の考える「社会的意義」とはやや異なります。もちろん、その企業独自の技術力や商品力も「社会的意義」のひとつであり、他社にはない技術力や商品力が消えてしまうことの社会的な損失も大きいのですが、その先にある「この技術や商品を求める顧客の姿」や、「その技術・商品を一緒につくりあげてきた取引先の姿」という、より具体性のあるイメージを思い描いていただきたいと思います。

この社会は、さまざまな人が複雑に関わって成り立っています。ひとつの会社が消える＝廃業するということは、必ず大きな余波をもたらし、それは決してプラスの影響ではありません。

自分の会社が多くの人に支えられ、また多くの人を支えて成り立っているという意識は、経営するなかではだんだん薄れていくかもしれませんが、まずはそのことに目を向けて、経営者の引退を考えたときには、廃業以外の選択肢を探る努力をしていただきたいと思います。

事業承継は専門的で煩雑な手続きを要しますし、ラクなことではありませんが、経営者としてこれまで自社を引っ張ってきた苦労に比べれば、決して難しくはありません。

経営者としての最後の仕事は、多くの人たちの力によって成り立っている自分の会社を、次世代と次の時代の社会に渡すことです。いわば「有終の美」を飾ることができるか否かが、経営者としての真価が最も問われるところなのかもしれません。

第3章

事業承継の成功へと至る道・その1
会社の魅力を
正しく把握し、最大化する

事業承継の第一歩は、「自社の魅力」を把握すること

第1章では「事業承継の準備不足が招く失敗事例」、第2章では「事業承継の本質的な意義」についてお話ししてきましたが、いよいよ本章からは、事業承継を成功させるための具体的なポイントをお話ししていきましょう。

その第一歩であり、経営者の方に必ず実践してほしいことが、**「自社の魅力や強み」を把握し、最大化すること**です。これは事業承継に必要な準備というだけでなく、長寿企業を目指すうえでも欠かせない取り組みです。

私が経営者の方々にお会いするときには、必ず「御社の強みは何でしょうか?」「事業承継するうえで、御社のビジネスにおいて何がキーポイントになりそうでしょうか?」と尋ねます。しかし明確な答えがすぐに返ってこないことが多く、経営者自身が自社の強みを把握していないということに驚かされます。

事業承継では、自社の魅力や強みを最大化することが不可欠ですが、これを正確に理解していなければ、最大化するといっても何に注力すべきなのか、何を改善すべきなのかの判断が経営者の感覚任せになり、結局道を誤ってしまいます。「ちょっと営業をテコ入れしないとな」「新しい売り方・マーケティングも試してみようかな」「人事制度のこの部分を変えてもいいかな」といったように、あらゆる経営戦略が社長の思いつきで決まる会社の場合、後継者候補は「自分に同じような判断ができるだろうか」「判断の基準をどこに置けばいいのだろうか」と、不安を抱くこと必至です。

それ以前に、**「当社の魅力はこれです」と言葉で表現できない会社の後継者になろうと考える人は、誰もいない**ように思います。

私は、後継者不足で悩んでいる会社の多くが、こうした実情にあると考えています。つまり、**経営者が自社の魅力を正しく把握していない、そしてその魅力の伸ばし方を理解していないため、後継者候補が集まらない**ということです。

会社を継ぐというのは重大な決断ですから、後継者自身に「この会社を継ぎたい」と思ってもらうには、魅力が不可欠です。

前章でお話ししたように、10年、20年と続いた企業なら、社会的な存在意義が少しずつ醸成されています。問題はあくまで魅力に「気づいていない」ということであり、どんな会社でも魅力は必ず備わっている以上、それに気づけば事業承継成功への道は必然的に開けるのです。

もしも本書をお読みのみなさんが、子どもに承継を断られたり、従業員が誰も承継したがらなかったりといった悩みを持っているのなら、その原因は経営者自身の中にあるのかもしれません。

なぜ、自社の「魅力」に気づけないのか

それでは、ここでいう「魅力的な会社」、つまり一般的な「良い会社」とは、どんな会社を指すのでしょうか？

たとえば就活生を対象にした調査では、「どのような企業に魅力を感じますか？」という質問に対し、最も多かった回答は「社内の雰囲気が良い」でした（90ページ図）。そして「成長できる環境がある」「給与、待遇が良い」「完全週休二日制」「将来性がある」と続きますが、一般の方々から見れば、企業の魅力とは概してこうした要因を指すようです。

ここで挙げた企業の魅力は、**従業員目線**で語られたものです。経営者からすれば、「そんなことはわかっているが、それだけでは事業はうまくいかない」と感じるものばかりではないでしょうか。

企業に魅力を感じるポイントは？

社内の雰囲気が良い	75.6%
成長できる環境がある	50.3%
給与、待遇が良い	48.5%
完全週休二日制	46.7%
将来性がある	42.1%
やりがいがある	34.8%
理念やビジョンに共感できる	31.0%
教育・研修に力を入れている	29.2%
安定した事業を続けている	25.8%
新しいことにチャレンジしている	24.9%
年齢に関係なく実力で昇進のチャンスがある	16.9%
知名度がある	16.7%
産休育休後の復帰率が高い	14.9%
海外で働けるチャンスがある	13.9%
高い技術力を持っている	10.7%
経営陣に魅力がある	6.5%
その他	0.9%

回答数＝4,199

i-plug「就活生の『働き方』に関する意識調査アンケート」（2020年）をもとに作成

会社の魅力を考えるときには、こうした「従業員目線の魅力」が独り歩きしている印象を受けます。結果、経営者として「うちの会社は、世間一般から見て魅力に乏しい（＝だから後継者候補が見つからなくても仕方がない）」「うちの会社にはちゃんと魅力があるのに、世の中の人たちが理解してくれないのは、見る目がないからだ」などと、悲観的あるいは他責的に考えてしまうようです。

しかし経営者のみなさんであれば、**会社の魅力というのは、「従業員目線」だけで判断すべきものではない**ことは、きっと感じていることと思います。そこでぜひ実践してみていただきたいのが、**「取引先目線」で考えてみる**ことです。

具体的には、**「取引先の社長」という立場に立って、「なぜあなたの会社と取引をしているのか？」という要因をピックアップする**のです。

これは私がクライアントである経営者の方々におすすめしていることですが、実際には「御社の取引先はなぜ、御社を選んでいるのでしょうか？」と質問しても、「昔からの付き合いだから」「向こうの社長さんと仲が良いから」といったような、漠然とした「要因」しか返ってこないこともしばしばです。もちろんそれも間違いではないと思いますが、「選ばれる要因」として、その背後には、具体的には次のような理由が隠されているのではないでしょうか。

・納期を必ず守ってくれる
・細かいコミュニケーションを心がけてくれている
・きちんと挨拶をしてくれる
・スケジュールの調整を柔軟にしてくれる
・従業員を大切にしている
・品質に責任を持っている
・従業員のモラルが高い
・自社のビジネスに都合が良い場所にオフィス（工場など）がある　など

これらは、経営者が忘れがちな「取引先目線」での自社の強みの一例ですが、共通しているのは、**当たり前すぎて自社の魅力とは気づきにくいこと**だということです。

納期を守ることも細かいコミュニケーションを心がけることも、ビジネスでは最低限のマナーです。それを大前提として、さらに「プラスアルファ」の強みを求めてしまいますが、実はこの「当たり前」ができていない企業が意外に多く、だからこそこうした**「最低限のこと」が当たり前に実践できている企業は、それだけで魅力が高い**といえます。

私がコンサルティングをしてきた企業のなかでも、最初は経営者が自社の魅力にまったく気づかなかったものの、さまざまな角度からヒアリングした結果、「創業以来、一度も納期に遅れたことがない」と答えた方がいらっしゃいました。ご本人としては、「まさかそんなことが魅力になり得るはずはない」と考えていたようですが、事業承継の準備を進めるなかで実際の取引先に聞いてみたところ、「納期を厳守してくれることが一番ありがたい」という返事をいただきました。それをその経営者に伝えると、「そんな理由でうちと取引してくれていたのか」と、とても驚いていたことが印象的でした。

この経営者の例のように、もしも事業承継の準備を進めるなかで、「うちの会社の魅力はどこにあるのか？」と悩んでしまったときには、普段の取引先とのやりとりを思い返すと、新たな気づきを得ることができるかもしれません。そして、

「これは企業として当たり前のことだから、魅力とはいえない」と思考を止めるのではなく、**「この当たり前こそが、実は大きな魅力なのかもしれない」と、一歩踏み込んで考えてみることが大切**なのです。

「魅力的な会社」とは何か

魅力的な会社とはどんな会社なのかという問いを考えるときに、私は松下幸之助さんの『実践経営哲学』に書かれている次のメッセージを思い出します。

必ず成功すると考えること

経営は正しい考え、正しいやり方をもってすれば必ず発展していく。

ものごとがうまくいった時は「これは運がよかったのだ」と考え、うまくいかなかった時は「その原因は自分にある」と考える。

失敗の原因を事前になくしていこうという配慮により、失敗が少なくなり経営が安定する。

不景気の中でも利益をあげる会社がある。

つまり、やり方しだいだということではないか。

業績の良否の原因を不況という外に求めるか、
みずからの経営のやり方という内に求めるか。
不景気の時は経営にしろ、製品にしろ、需要者、
また社会から厳しく吟味される。
ほんとうにいい物だけが買われる。

時代の変化に適応すること

正しい経営理念は、基本的にはいつの時代にも通じる。
したがって、正しい経営理念を持つことは大切。
経営理念を現実の経営の上にあらわす
その時々の方針なり方策というものは、不変ではない。
成功した昔ながらのやり方を
十年一日のごとく守っているというような場合も少なくない。
旧来のやり方でも好ましいものは守り続け、
時代とともに改めるべきものは次々に改める。
具体的な方針、方策がその時々に

ふさわしい日に新たなものでなくてはならない。

松下幸之助著『実践経営哲学』（ＰＨＰ研究所）

―――

これこそが経営の真髄ともいえる考え方であり、特に前半の「必ず成功すると考えること」の重要な点は、やはり**「経営は経営者しだい」**ということだと考えています。

自社の経営状況を、他社や環境、市況、政治などのせいにせず、どんなときでも「自分がこの会社を支える」という覚悟を持ち、成功しても驕らず、失敗したら素直に反省すること。それが経営者に最低限求められることであり、会社の魅力、つまり世の中に求められる会社になることにも通じるのではないでしょうか。

そして後半の「時代の変化に適応すること」の重要な点としては、「経営理念や文化を掲げ、時代に合わせて適応させていく」ということだといえます。これについては、次項で詳しくお話ししていきましょう。

「企業理念」の重要性

あらゆる会社は「経営理念」を掲げているものですが、そもそも**企業における理念とは、「価値観」「志」「社会的役割」「存在意義」など、企業の重要な考え方を社内外へと示すために明文化したもの**です。

創業時につくったものもあれば、先代から引き継いだものもあるでしょう。厳密にいえば、「企業理念」と「経営理念」は別の意味を持つのですが、ここでは同じ意味のものとして扱い、話を進めていきましょう。

企業理念の重要性を感じている経営者は非常に多く、ある調査によれば、調査対象となった経営者の約70%が「企業理念を浸透させることは必要である」と答えています（左図）。その理由としては、企業経営の方向性を明確化できる、社員のモチベーションの向上につながる、社内に一体感が生まれる、企業文化を良企業理念は重要？

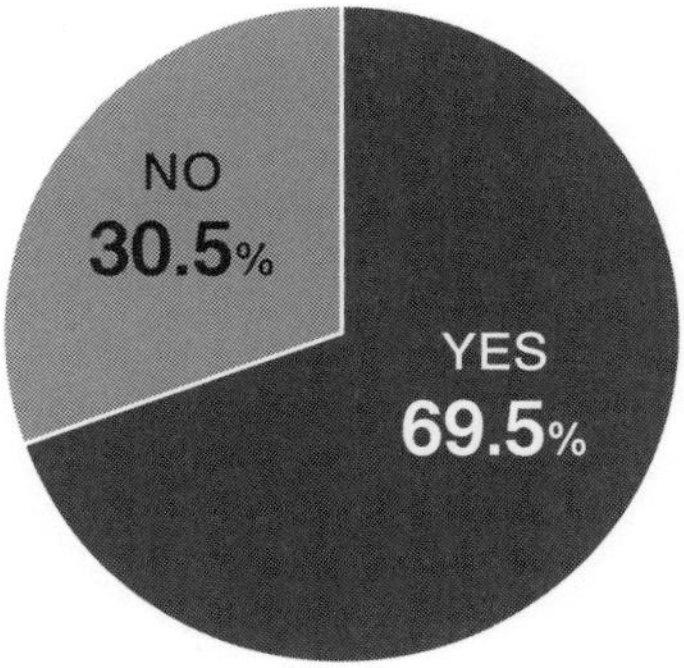

その理由は？

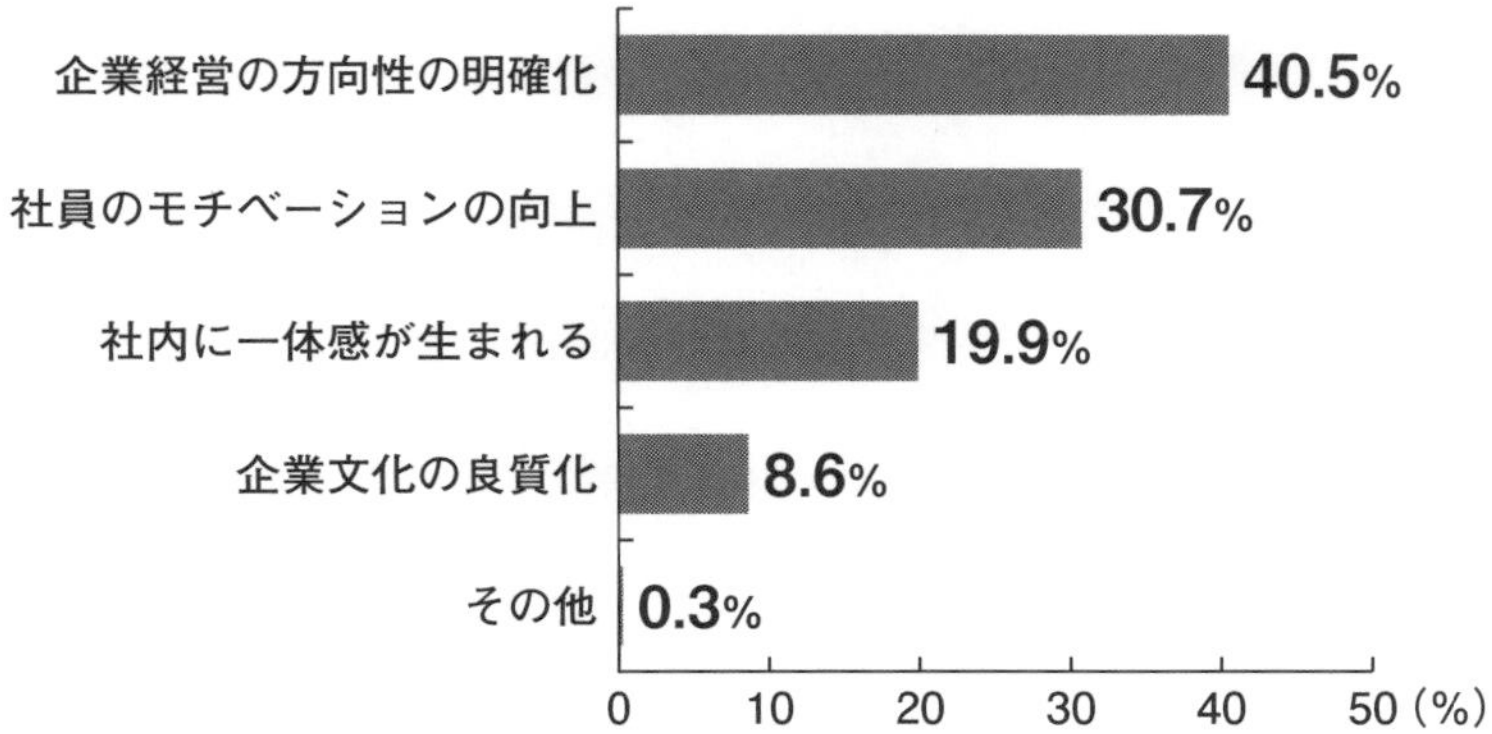

ゼネラルリサーチ「企業理念・ビジョンの浸透に関するアンケート」（2019年）をもとに作成

質化できるなどが挙げられています。

かつては「理念＝うさんくさい、格好悪いもの」と捉える人も多かったむきがあり、理念を掲げていない会社もあるようです。しかし、この調査結果が示すように、７割の方が企業理念の浸透を重要視しているというのは、決して無視できない数字です。

理念をつくることのメリットは、数多くあります。

たとえば理念は、会社の精神的な支柱として、従業員の日々の業務を支える効果を生みます。目標を決めるとき、判断に迷ったとき、部下に指導するとき、取引先やお客さまに接するときなど、さまざまなシーンで使える共通言語のような役割を果たしてくれるのです。その結果、社内に強い一体感が生まれ、困難や会社の岐路というべき状況に対峙したときも乗り越えられる可能性が高まります。

また、理念に共感した従業員のほうが離職率は低いでしょうし、特にＢ to Ｃのビジネスを展開している企業にとっては、理念に基づいた社員の統一感のある言動によって、自社のブランディングにも大きな好影響をもたらしてくれます。

ここで、理念について具体的な事例をひとつ紹介しましょう。

私が事業承継をお手伝いした卸売業の会社の話ですが、売上は約8億円で、先代経営者が75歳、後継者が46歳でした。それまでは理念がなかったのですが、事業承継に際して後継者が理念をつくったのです。理念がなかった先代経営者の時代は、会社の進むべき方向性がブレることもしばしばあり、業績は不安定でした。しかし理念をつくって社内全体に浸透させた結果、社長と経営層、従業員が一致団結して行動するようになったのです。

このように、「経営理念の有無」と「利益」には、深い関係性が見られます。102ページの図は、売上規模別・経常利益額別に見た「経営理念の有無」を示しています。これを見ると売上規模が大きくなるほど「経営理念がある」と答えた会社が多く、また、**経常利益額が大きければ大きいほど、その会社には経営理念がある**ことがわかりますね。

一方で理念が存在しない会社は、「会社の軸」が定まっておらず、社員それぞれが個別の判断に基づいた行動をしがちで、それが良い方向に進むときもあるにせよ、概して会社を弱体化させる恐れが高まります。離職率は高まり、企業の認知度も上がりにくくなるかもしれません。

経営理念の有無と、売上・利益の関係は？

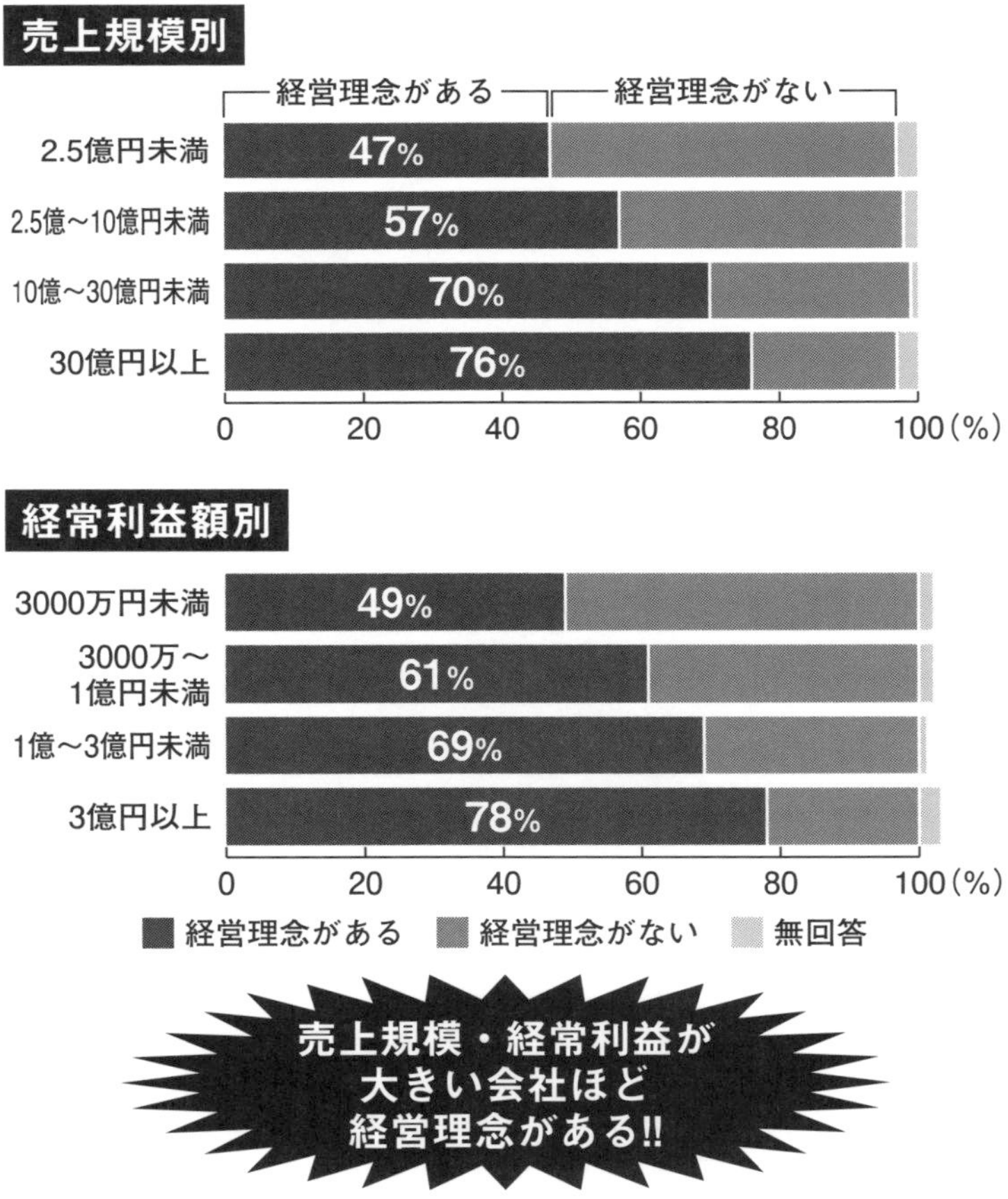

出典：宮田矢八郎著『理念が独自性を生む』（ダイヤモンド社）

最近では、**「パーパス経営」**という言葉が注目されています。「パーパス」とは企業の存在意義を指し、「なんのために組織や企業が存在するのか」「社員はなんのために働いているのか」を言語化したものです。要は、**企業理念を経営目線ではなく、より社会的な視点で解釈したもの**といえるでしょう。

また、経営学者ピーター・F・ドラッカーが提唱した企業の経営方針である「MVV（Mission、Vision、Valueの略称）」を掲げる会社も、近年は増加傾向にあります。

・Mission（ミッション）：企業が果たすべき使命、なしとげたい「目標」
・Vision（ビジョン）：企業が目指す「理想の姿」「実現したい未来」
・Value（バリュー）：企業の価値観や行動指針

私としては、これらは無理に3つに分ける必要はないと考えていますが、パーパスにせよMVVにせよ、**重要なのは経営者、従業員、そして後継者が納得して実践し続けられるものであること**です。つまり、**従業員が混乱したりご自身が覚**

えられなかったり、あるいは実行に移せなかったりといった難しい理念は必要なく、シンプルなものでいいのです。

経営理念は企業経営においては不可欠であり、偉大な経営者である松下幸之助さんや稲盛和夫さんも、理念について次の言葉を残しています。

――企業経営の成否の50％は経営理念の浸透度で決まる。残りの30％は社員のやる気を引き出す環境、残りの20％は戦略・戦術である。（松下幸之助）

――経営理念を守れないならば、会社を畳んだ方がまし。（稲盛和夫）

もしも今の時点で自社に経営理念がないのであれば、事業承継を機につくることをおすすめします。具体的には、次の視点から考えていくといいでしょう。

- なぜ自社が存在するのか？
- 社会に対してどんな価値を提供したいのか？

・10年後、20年後、どのような企業になっていたいか？
・絶対にやりたくないことは何か？

これらのアウトプットを、後継者とともに、あるいは後継者のみで行うというのもポイントです。最初からうまくまとめようとはせず、まずは思いつくままに書き出してみてください。

こうして、一度案を作成したら、しばらく時間をおいてみることも大切です。時間をおいて再度確認することで、より響く言葉や不要な表現などに気づくことができます。理念は経営や現場で迷ったときの羅針盤になるものですから、漠然とした内容だと従業員も困惑し、形骸化してしまいます。そのため、**理念から戦略や戦術のヒントを得られるか**という視点でも考えていただきたいと思います。

たとえば、『老舗企業の研究』（横澤利昌、生産性出版）によると、老舗企業の企業（経営）理念のなかには「顧客第一主義」「本業重視」「品質本位」が内包されていると書かれていますので、理念の好例として参考にしていただければと思います。

「企業文化」とは何か

「理念」と似た言葉に、「文化」というものもあります。「企業文化」という用語は、アメリカの心理学者であるエドガー・シャインの著書『Corporate Culture Survival Guide』（1999年出版）につけられた邦題『企業文化サバイバルガイド』に由来するといわれますが、「企業理念」と「企業文化」にそれぞれ確立した定義はありません。あえて違いを挙げるとすれば、**「企業理念」とは形式化・言語化されたもの**であり、**「企業文化」とは価値観や空気、共通したイメージなど言葉にできないもの**といえるでしょう。前者は存在しない企業もありますが、後者はどんな企業にも存在するものです。

企業文化は理念と同じくらい重要なものですが、**長寿企業を目指すなら、その都度の状況に応じて適度に変化させていくべきもの**です。時代が変われば人の考え方や生き方も変わっていくように、経済状況や政治、ライフスタイルの変化によって、企業文化は変革を迫られるのです。

言い換えれば、**いつまでも従来の企業文化に固執し、外部環境の変化に対応できない企業は、この苛烈な競争社会を生き残ることはできない**のです。

企業文化は理念のように明文化されているわけではなく、従業員の意識・無意識に深く根差しているものです。急激かつ大幅に変革しようとすれば、従業員の反発や離反を生む可能性も大いにあります。

創業して何十年も経つ企業が企業文化を変革しようとしても、それは起業したばかりの企業が新しく企業文化を醸成するより、はるかに難しいことです。これは極めてデリケートな問題ですが、その意味で**事業承継というのは、違和感なく企業文化を変えるうってつけのタイミング**だといえます。現に私の経験上でも、事業承継をきっかけに企業文化をガラッと変えたケースは少なくありません。

「理念」とは異なり、「文化」はすぐに変えることができる

ここで実例として、事業承継を機に「挨拶と掃除をする文化」を根づかせたという例をお話ししましょう。

「挨拶をする」というのはとても些細なことのように思えるかもしれませんが、実は挨拶を大切にしている経営者は決して少なくありません。実際に20歳以上の経営者・会社役員500名に「ビジネス上のコミュニケーションにおいて、どのようなことを大切にしているか」を尋ねた調査によれば、「相手の話をよく聞く」に次いで多かったのが「挨拶をしっかりする」でした（左図）。

この会社の場合は、先代経営者のときは従業員同士の挨拶も聞こえないくらいの小ささで、オフィス内もきれいとは言い難い状況でした。そのことに違和感を抱いていた後継者は、事業承継を機に、まず挨拶と掃除の2点を改善することを

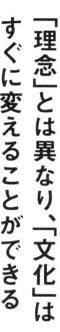

ビジネス上のコミュニケーションで大切にしていることは？

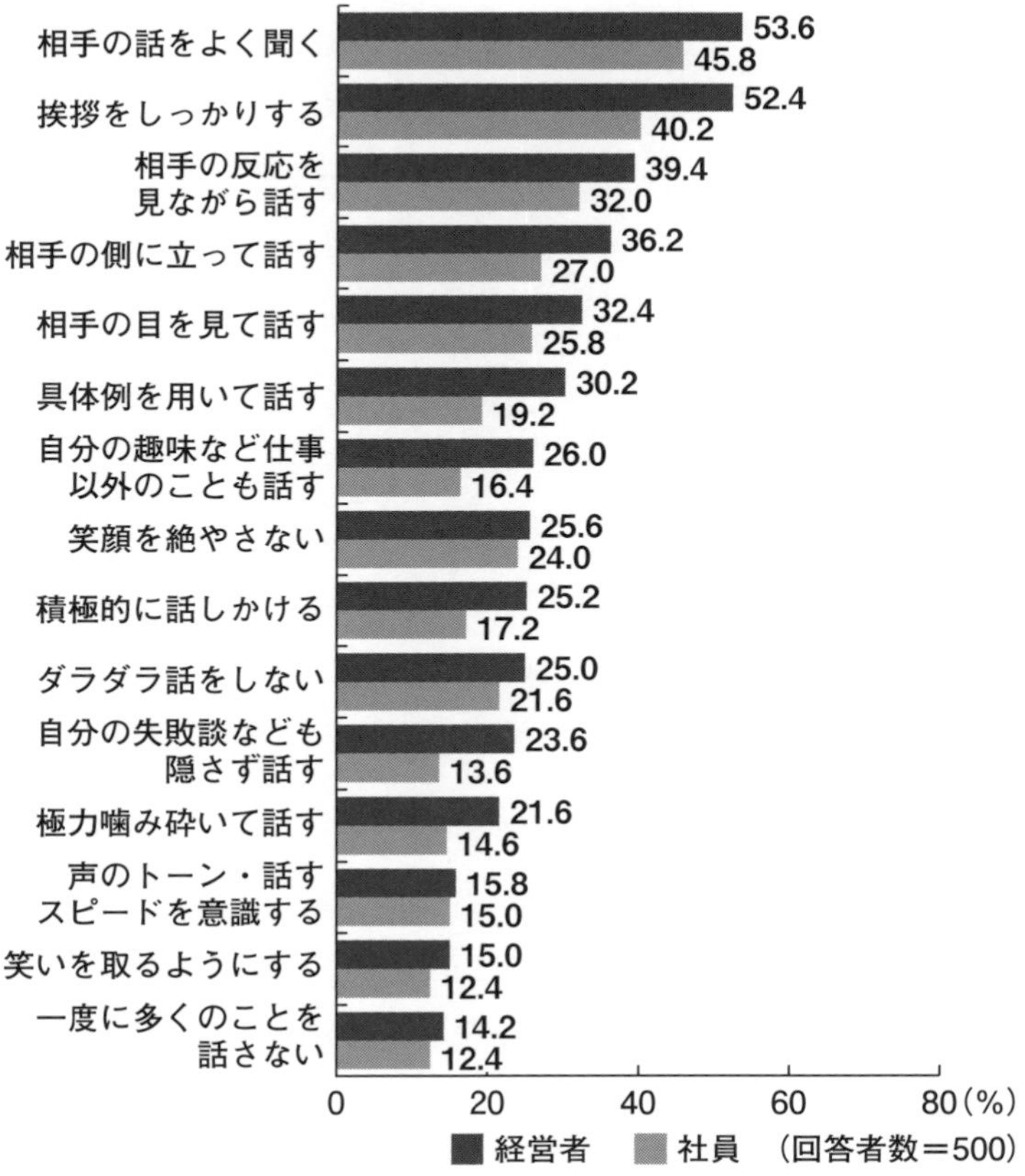

ソニー生命保険「経営者と社員の意識比較調査」（2016年）をもとに作成

決めたのです。

といっても、従業員に無理に押し付けることは一切せず、社長自ら率先して笑顔で挨拶をするようにしただけです。するとその社長の行動に引っ張られるように従業員の行動も変わっていきました。それまでどこかイライラしていて、眠たげで覇気がない雰囲気だった従業員の顔つきが徐々に変わり、気持ちいい挨拶が飛び交う会社となったのです。

挨拶の具体的な効果として、お互いの存在を認識し合えるということがあります。これによって無意識に自己肯定感が高まり、またなにげない会話が生まれることで、従業員同士の関係性も親密になります。

心と身体はつながっています。誰にでも心にゆとりがない日というのがあるものですが、そんなときこそ、まずは身体から元気に振る舞うことで、心も身体につられて元気になってきます。挨拶をきっかけにして笑顔が増えれば、気持ちもつられて上向いていくものです。

ビジネスパーソンなら、最低でも1日2回は「おはようございます」「お疲れさまでした」と挨拶する機会があります。これは今すぐ始められることで、お金もリスクも準備も手間も一切かかりません。挨拶は、自身にとっても相手にとっても、実にメリットが大きい行為なのです。

次に掃除についていえば、この企業の後継者は、挨拶と同じく社員に強要はしていません。自分で社長室の掃除をしたり、社員が行っていたゴミ出しを率先して手伝ったり、トイレや給湯室なども気づいたときに掃除をしたりしただけです。

こうした後継者の姿を見て、従業員たちにも明らかな変化が起こりました。それまでデスクの上に散乱していた書類がきれいに整頓され、不要な物は片付けられ、社内全体が明るい雰囲気になったのです。

その社長いわく、「挨拶と掃除に対する意識が変わったことで、生産性が大幅に上がり、余計な残業も少なくなった」とのことで、従業員から感謝の言葉をもらったそうです。

「割れ窓理論」という有名な理論があります。アメリカの犯罪学者ジョージ・ケリング博士が提唱したものですが、1枚の割られた窓ガラスを放置したままでいると、割られる窓ガラスがさらに増え、いずれ街全体が荒廃してしまうという理論です。1994年以降、犯罪多発都市であるニューヨーク市の当時のジュリアーニ市長は、この「割れ窓理論」を取り入れ、割れ窓の修理や落書きなど軽微な犯罪の取締りを強化した結果、犯罪が大幅に減少したといわれています。

また、大阪の荒れた公立中学校から7年間で13回もの陸上日本一の生徒を輩出し、「生活指導の神様」と呼ばれた教育者・原田隆史氏も、「ゴミが散乱して荒れた環境や、靴のかかとを踏んで歩くだらしない態度を容認していると、生徒の心はすさんでいき、やる気が削がれる。高い目標を達成するには、心のすさみを取り除く必要があり、環境整備の指導に力を入れる必要がある」といったことを語っています。これは、「割れ窓理論」に通じるところがありますね。

ほかにも、米アップル社の共同創業者のひとりであり、同社のCEOでもあったスティーブ・ジョブズがアップル再建のため再びCEOに就任したとき、最初に取り組んだ改革がオフィスの整理整頓だったことは有名です。

「たかが掃除など、業者に任せればいいじゃないか」と思う人もいるかもしれませんが、「自分たちでオフィスのきれいな状態を維持しよう」という意識を失うと、デスク周りは不要な書類や物があふれ、パソコンのデスクトップもフォルダが乱雑に並び……といった状態になり、結果として仕事の生産性やモチベーションが気づかないうちに削がれていきます。どんなに些細なことでも、できることから掃除や整理をするのは、非常に大切なのです。

この項の最後にもうひとつ、挨拶や掃除に関わる興味深い話をしましょう。

『データの見えざる手』（矢野和男、草思社）という書籍では、センサーを用いた100万人以上の人間行動の研究の成果をまとめています。この本の中で、「人の幸せに対する影響は何が大きいか？」というテーマについて、次の結果が示されています。

人の幸せに影響を与えるもの
①環境要因（職場の人間関係、人事評価、給与、健康など）……10％
②遺伝的要因……50％
③日々の行動のちょっとした習慣や行動の選択の仕方、特に自分から積極的に行動を起こしたかどうか……40％

一般的には「①環境要因（人間関係、人事評価、給与、健康など）が最も幸せに直結すると考えられている」のではないかと思います。しかし、その影響力は全体のたった10％にすぎません。そして、「日々の行動のちょっとした習慣や行動の選択の仕方、特に自分から積極的に行動を起こしたかどうか」が40%を占めるという結果は、挨拶や掃除の重要性をあらためて感じさせてくれます。

つまり、挨拶や掃除をしたことによる「効果（人間関係が良くなった、オフィスがきれいになったなど）」よりも、「自分が意識して行動したこと」自体が個人の幸せにつながり、それが周りにも伝播していくといえるでしょう。

この仮説に基づけば、挨拶や掃除をトップダウンでルール化するのは、かえって逆効果です。先の話の後継者は、この原則を感覚的にわかっていたからこそ、自分から行動を起こしたのかもしれません。

企業文化を浸透させるためには、一人ひとりの従業員が「自分ごと」という認識で行動することが不可欠です。「うちの会社は◯◯だから、みんな意識して行動するように」と経営者が言ってできあがった文化は、「社長のご機嫌をとる」ことを最優先にした無用の長物です。

良い文化を根づかせるためには、まず経営者が率先して行動し、ときには一人ひとりに丁寧に説明し、従業員に自ら積極的に動いてもらえるような環境づくりが必須なのです。

自社の魅力を高めるために不可欠な「経営の4要素」

自社の魅力をどのように高めるべきか、それをより具体的に掘り下げていけば、私は次の4つが重要だと考えています。

・セールス（営業）
・マーケティング（市場分析、販売戦略、広報・宣伝など）
・マネジメント（人材育成、組織開発）
・ファイナンス（財務）

多くの中小企業では、このうちの複数の領域を得意分野としてはいるものの、それ以外には手をつけていないことも多いようです。よくあるのは、「社長が営業を、右腕となる人が財務を見ているが、マーケティングとマネジメントはあまり機能していない」といったように、一部の領域にしか注力していないパターンです。しかし、この4つの要素すべてを伸ばさなければ、企業の魅力を最大化させることはできません。

「営業」は売上の根幹を担う部分ですから、創業時から経営者が最重要課題として意識しているものです。そのため、経営者は現場の状況をよく把握し、常に注力しているケースが大半です。また、「財務」は長年勤めている従業員が見ていたり、あるいは顧問税理士などの専門家も入っていたりするので、経営者自身に知識や経験がなくともサポートしてもらえます。ところが「マーケティング」や「マネジメント」は、経営者の勘やこれまでの方法に頼ればなんとか成り立ってしまうため、この2つを明確に意識できていなくても危機感や改善意識を持ちづらいものです。

たとえばマーケティングの場合、その道のプロフェッショナルがいれば低コストで効果的な販売戦略やPR活動を実施してくれるのですが、多くの中小企業の場合、新しい商圏を開拓しなくとも既存の顧客（消費者）にしっかり売れていれば、経営的な強いプレッシャーは感じません。むしろ「新しいチャレンジはリスク」と考えて、この領域を敬遠してしまうケースも珍しくないでしょう。

マネジメントの場合も同様です。この領域についての理解が足りておらず、「経営者として面接はするが、採用後の育成は部長や課長、チームリーダーに任せている」という会社も多いでしょう。若い社員の仕事に対する価値観を理解しようとせず、「とにかく売上をつくれ」などと、その上司に伝えた経験がある人もいるのではないでしょうか。

「マーケティングやマネジメントに注力していなくとも会社が存続できているのだから、問題ない」と考える方もいるでしょう。しかしこれは逆にいえば、**そうした弱点を改善して「強み」に変えれば、もっと成長できる可能性がある**ということです。

何十年と会社を支えた経営者が新しい価値観を取り入れ、新しい施策を試行錯誤しながら実施するのは、とても大変なことです。体力的にも精神的にも大きな負担になるでしょうし、これまでのやり方を否定しなければならない側面もあります。しかしこの点においても、事業承継が絶好のチャンスとなります。

具体的には、承継の準備段階で前述の4つのうちどれに強く、どれが弱いかを経営者自身があらためて認識し、後継者と共有します。そして中長期でその弱みをどう改善していくか、経営計画に盛り込んで考えていけば、いずれ改善することができるでしょう。

この**4つにかかる経営戦略は、前述した「理念」や「文化」と紐づいていることがポイント**です。

たとえば、「人を大切にする」と理念で謳っているのに、「うちの業界は人の入れ替わりが激しいから、これまでどおり大量採用・大量退職で人材マネジメントは続ける」といった場合、理念と戦略が一致しておらず、理念の浸透上でも戦略の実行上でも必ず不具合が生じます。

こう考えると、**弱みを改善するときは「理念」や「文化」から逆算して考えることが大切**であり、すると現場で働く従業員にもこれから採用する人にも、その理由や想いを明確に説明できます。そして、それが「理念」と「文化」をより確固たるものにしていくという好循環が生まれるのです。

「戦略」と「理念・文化」は相互で高め合うもの

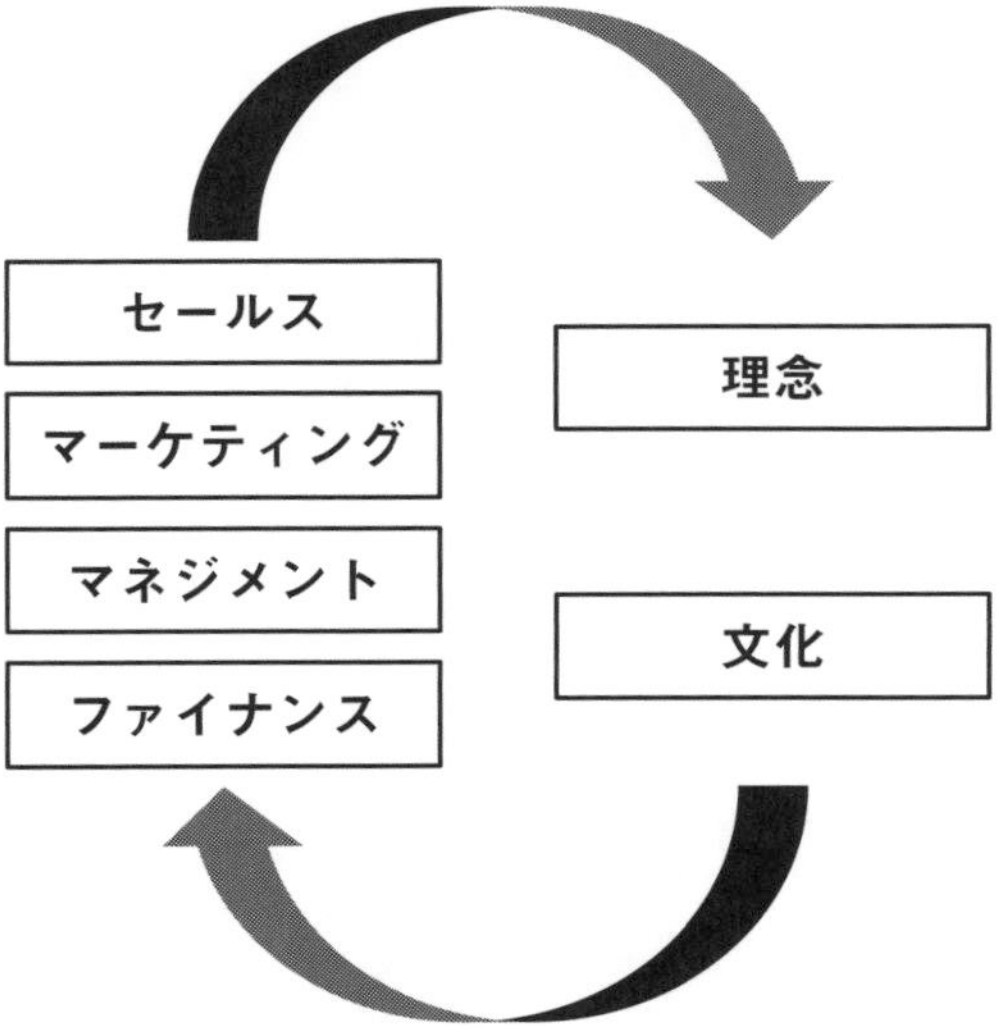

社長の退職金を決めるポイントとは

　ここまでは、事業承継の前提として不可欠な「会社の魅力を最大化させる」というテーマについてお話ししてきましたが、承継を成功させるためにもうひとつ重要な要素として、**好業績を維持していてかつ資金繰りも良好であること**が挙げられます。

　とはいえ実際には、たとえ業績が良かったとしても、事業承継時に財務面の不安を感じている経営者や後継者が多いようです。その場合、事業承継の準備段階で実践できることとして、**「経営者への退職金を減額する」**という方法があります。

　簡単にいえば2000万円支払う予定だった退職金をゼロにすると、その分を事業に必要な運転資金に充てることができます。この退職金をどのくらいに設定するかは、事業承継を考える経営者にとって、非常に悩ましいポイントとなります。

「役員退職金」とは、会社に貢献したことへの対価や長年にわたる功績の対価として支払われるものです。

一般社員に対する退職金は、企業ごとに作成した就業規則（退職金規定）に基づいて支給されますが、役員退職金の場合は、支給金額や支払時期を定款に記載するか、株主総会で決議を取る必要があります。

経営者であれば、役員退職金の相場がどのくらいかがまず気になるところでしょう。その実態は、2020年の調査によれば、社長が約2476万円、取締役が約1685万円、監査役が約1150万円となっています（123ページ図）。

さらに、社長の役員退職金額の分布を見てみると、最も多いのが2000万〜1000万円で、2000万円未満、1000万〜2000万円と続いています。このことから、先の役員退職金相場は一部の高い人が吊り上げているだけであって、半数以上は2000万円未満ということがわかります。

ご存じの方も多いと思いますが、**役員退職金は適正金額の範囲内であれば、税務上、全額を損金に算入することができます**。しかし、不相当に高額な部分の金額については損金不算入になります。金額が適正か不当に高額かどうかを判断するのには、一般的に「功績倍率法」という計算式が用いられますが、功績倍率法による役員退職金の適正額の計算式は、次の通りです。

役員退職金の適正額
＝退任前の最終報酬月額×通算役員在任年数×役位別に定める率（功績倍率）

この功績倍率は、以下の数字が一般的な水準とされています。

・社長……………3・0倍
・専務……………2・4倍
・常務……………2・2倍
・平取締役………1・8倍
・監査役…………1・6倍

これはあくまで計算上の数値ですが、現実問題として、社長の功績倍率はどの

役員退職金の平均支給額と金額の分布は？

役位別の役員退職金の平均支給額

	社長	取締役	監査役
平均支給額	約2,476万円	約1,685万円	約1,150万円

社長の役員退職金額の分布

平均支給額		約2,476万円
20.0%	196社	200万円未満
22.3%	219社	200万～1,000万円
18.0%	177社	1,000万～2,000万円
13.1%	129社	2,000万～3,000万円
10.7%	105社	3,000万～5,000万円
4.6%	45社	5,000万～7,000万円
3.2%	31社	7,000万～１億円
8.1%	79社	１億円以上

エヌエヌ生命保険「中小企業の退職金に関する調査」（2020年３月）をもとに作成

くらいで設定されているのか。先の調査では、社長の功績倍率の平均値は2・04倍という結果が出ています。一般的な水準とされる3・0倍未満の割合は実に7割を超えるわけですね。

役員退職金は、経営者の引退後の生活費を支える大きな資金源となります。おそらく多くの経営者は、小規模企業共済制度や生命保険など、さまざまな方法で退職金の準備をしていることと思います。これも事業承継と同様、早い段階からスタートするに越したことはなく、独断や思い込みで準備を進めるのではなく、専門家の意見を聞いて対策を考える必要があります。

社長の功績倍率の平均率は？

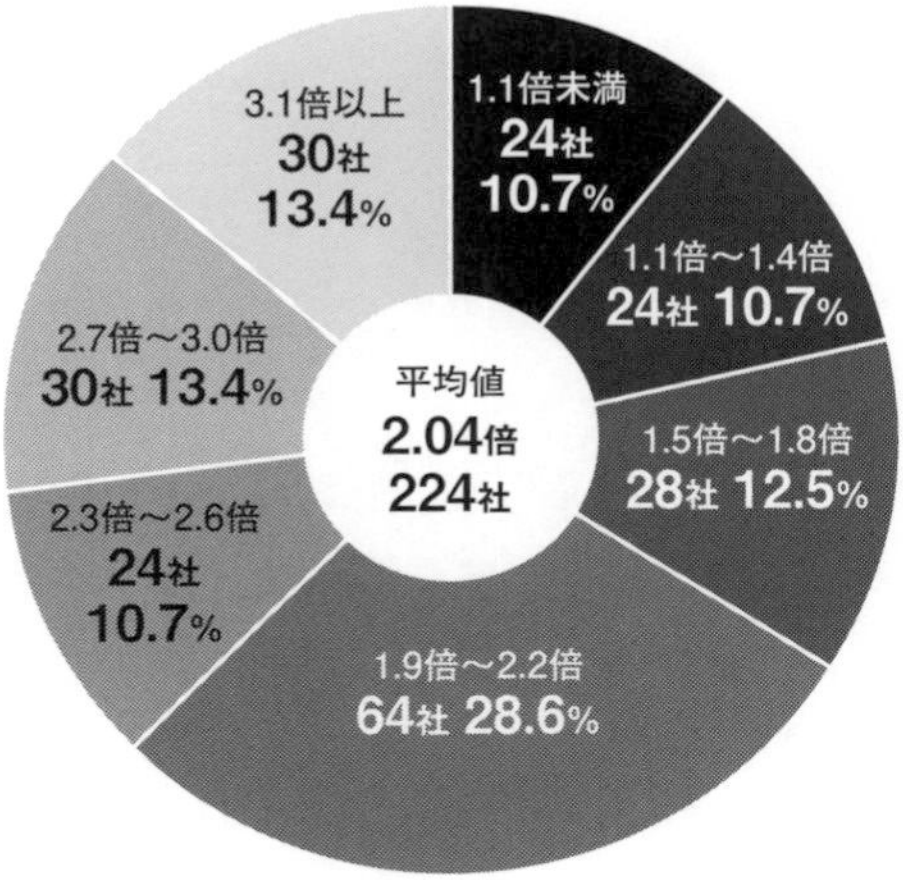

エヌエヌ生命保険発表資料をもとに作成

経営者が努力しなければ、事業承継はうまくいかない

本章では、事業承継を成功させる大前提として、自社の魅力を再認識して磨くことの重要性や、弱点を補強するための具体的なヒントをさまざまな視点からお話ししてきましたが、いずれも**経営者が主体的に取り組まないと解決しない**ことばかりです。

ただし私の経験上、これらのことに取り組む・取り組まない以前に最も重要なのは、**経営者自身が自社の課題に正面から向き合えているか**ということだと考えています。

たとえば人材がなかなか集まらない会社に、私が「求人を出しても応募が来ないのはなぜか」と尋ねると、たいていは「うちは給料が安いから」といった答えが返ってきます。しかし実際、似たような業種・規模で採用がうまくいっている会社もあるので、それは的を射た回答だとは思えません。自社の雇用状況を的確

に把握し、うまくいかない要因を明らかにした結果、オフィス環境や採用方法を少し改善するだけで応募者数が増えることも多々あります。

このように、なんらかの経営課題を抱えていても、その要因を直視しようとしないがために課題が深刻化しているケースは、非常によく見られます。

この「課題と向き合う」ということについて、ほかにもよくある例をご紹介しましょう。

経営者の最大の悩みといえば、売上の減少です。売上さえ伸びていれば、多少の課題は気にならないものですが、右肩下がりだったら重いプレッシャーとストレスがのしかかることになります。

最近では、コロナ禍の影響で売上が落ちた会社が頻出しました。2022年4月に行われた日本政策金融公庫の調査によれば、新型コロナウイルス感染症による事業への影響について、「マイナスの影響があった」と回答した企業の割合は、前回調査（80・2％）から6・6ポイント上昇し、86・8％になりました。事業へのマイナスの影響は、「売上の減少」との回答が97・2％と最も多く、次いで「営業時間の短縮・変更」（48・0％）、「休業」（29・5％）と続きます。

私のクライアントでも、コロナ禍に入った2020年前半から売上が減少している会社は少なからずありますが、その一方で**業績はコロナ禍以前と変わらないか、むしろ上回っている企業もたくさんある**のが実情です。

飲食店の場合でいえば、コロナ禍に対してほぼ無策で、利用できる補助金なども調べず、売上がどんどん下がっていったお店もあります。しかしあるお店は、行列が少なくなって質の高いお客さまがつくようになった結果、売上・利益ともにコロナ禍以前よりも微増し、店舗運営にも余裕が生まれたそうです。ほかにも、空いている時間帯をイベントスペースとして貸し出し、売上を補填したというケースもありました。

両者の違いはどこにあるのか。業態や規模などさまざまな要素が関係しているので一概にはいえませんが、**状況を左右する大きな要因に「経営者の考え方」があること**は間違いありません。

売上が落ち続ける会社の経営者は、原因を外部のせいにする傾向があります。売上低迷の理由を、2008年のリーマンショックや2011年の東日本大震災、そして現在はコロナショックやロシアによるウクライナ侵攻など、そうした社会的な危機のせいにするのです。

もちろん、経済危機や大規模災害によって事業運営にダメージが生じることは、致し方がないことです。しかしここで問題なのは、売上が落ち続ける企業の経営者は、何年経ってもその原因を引っ張り続けているということです。

現に、経営がうまくいっていないある企業は、その理由を「リーマンショックのせいだ」と語っていました。リーマンショックから5～10年間経っていたにもかかわらず、です。リーマンショックが起こった直後1、2年であれば、その理由も納得できますが、２０１０年代後半になってもまだ引っ張っているというのに、半ばあきれた覚えがあります。

今回のコロナ禍やウクライナ情勢でも、間違いなく同じことが起きると思います。つまり、「コロナあるいはウクライナ問題があったから売上が減少した」と5年も10年も言い続ける経営者が出てくると見ています。

どんな企業でも、5年、10年と続いていれば深刻な社会的危機を一度は経験するものです。**優秀な経営者なら、そんなときでも外部に売上低迷の責任を押し付けず、自分ができる最善策を考えて実行する**のです。

そしてこれは、事業承継においても同じことがいえます。優秀な経営者は、事業承継を「自分ごと」として認識し、親族や後継者、従業員のせいにせず、前向きに準備に取り組みます。これは逆にいえば、「事業承継の準備は、後継者や役員、税理士に一任する」「自分はもう引退する立場なのだから、相談などしないでほしい」という**「他人事」のスタンスでいると、ほぼ間違いなく事業承継は失敗する**ということです。

その意味では、**事業承継の成否は準備をする前から決まっていて、つまり経営者の心構えが成功のカギとなる**といえるでしょう。

「社長としてのモチベーション」を正面から見つめる

創業当時の経営者は、やる気と向上心に満ちあふれているものです。「業界の常識を超える商品（サービス）を展開したい」「世の中を変える会社をつくりたい」「社員を雇えるくらい事業を拡大させたい」「お金持ちになりたい」「自分も尊敬する人と同じように会社を経営したい」……といったように、人によってさまざまな理由があったと思いますが、経営に対して高いモチベーションを持っていたはずです。

それが、何年、何十年も経営をしていると、徐々に「やる気の炎」が弱まるといいますか、どうしても惰性で経営を続けるようになっていきます。

喜び、驚き、苦しみ、失敗、裏切りといったひと通りのイベントは経験した。創業当初に掲げていた目標をクリアし、十分なお金も手にできた。子どもの教育資金もすべて払い終えた――こうして時が経つにつれ、自身の心にあった「やる気」や「炎」は消えてゆき、何をしてもかつてのような刺激を感じられなくなるのかもしれません。

なかには、「自分は社長としてもう十分やったから、あとはどうなってもいい」と投げやりになってしまったり、長年受けたプレッシャーで精神的に落ち込み、それが回復しないまま心を病んでしまったりする経営者もいます。

実際、経営者のメンタルヘルスについては、さまざまな調査が行われていますが、カリフォルニア大学の心理学者フリーマン博士の調査結果によれば、起業家の49％がうつ病や双極性障害、依存症など、なんらかの精神疾患を経験していることがわかっています。さらに、そのうちの32％が2つ以上の疾患を経験しているそうですから、事態はなかなか深刻です。

ちなみに、こうした精神疾患を放置しておくと、経営にもさまざまな弊害をもたらすリスクがあります。正しい判断ができなくなったり、思考が硬直化したり、人間不信になってワンマン経営が激化したり、感情の起伏が大きくなって従業員に不安を抱かせたり、朝起きられなくなって会社に行けなくなったり……。もともと経営者は、次のような理由から「孤独」を感じやすいといわれています。

起業家は精神疾患経験者が多い？

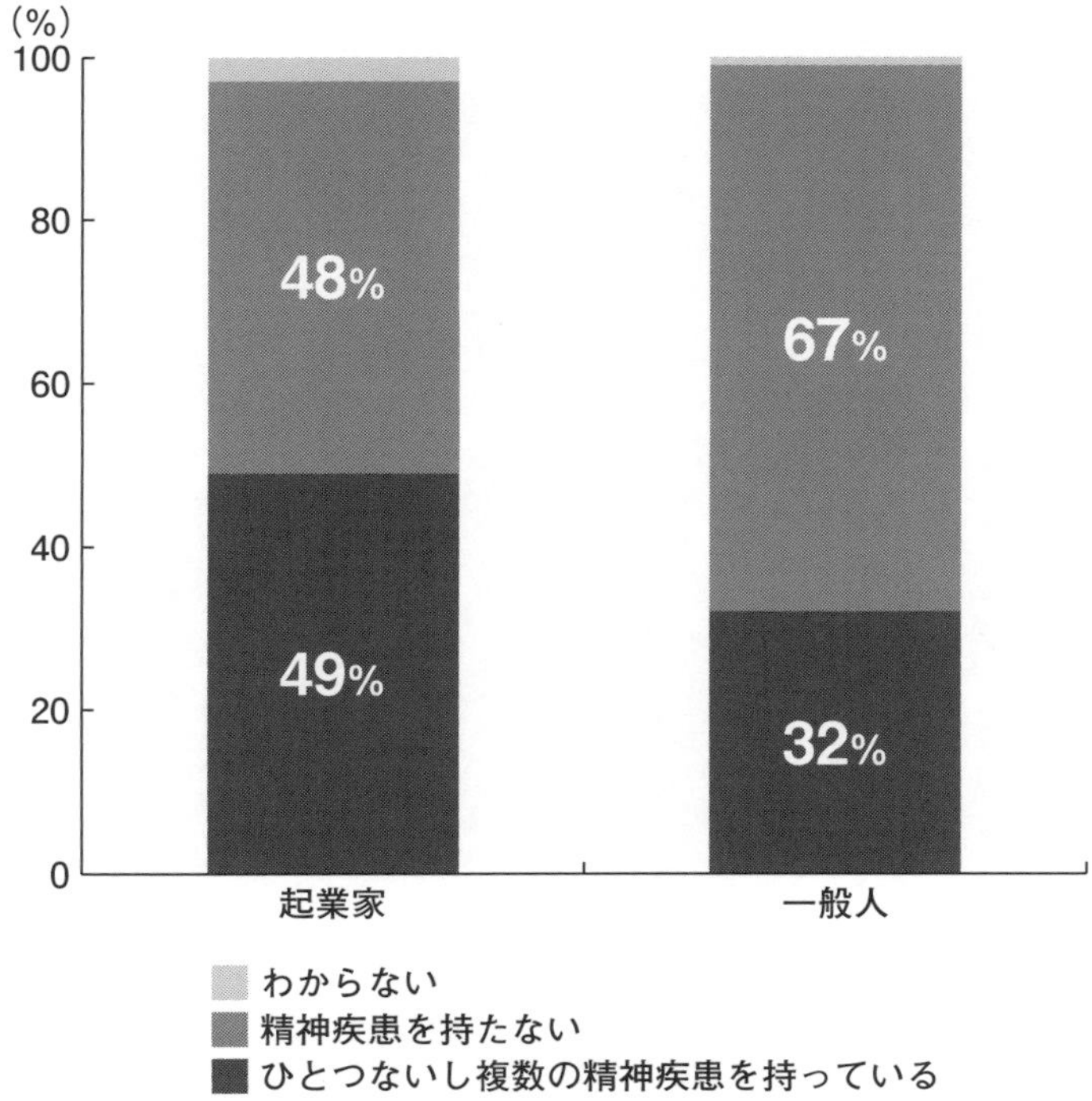

カルフォルニア大学ミカエル・A・フリーマン氏による発表資料をもとに作成

①本音で相談できる相手がいない
②最終決定は自分に委ねられる
③部下に全幅の信頼を寄せると、裏切られたときのダメージが大きい
④友だち付き合いが変わる（サラリーマンの友人と疎遠になったなど）

読者のみなさんも、こうしたことから孤独を感じた経験があるのではないでしょうか。「経営者は孤独なぐらいがちょうどいい」と前向きに考えている人も多いと思いますが、モチベーションが下がったままという状態は、精神疾患の入口ともいわれています。もし「最近、経営にまったく身が入らない」「もう何でもいい」などと感じるようになったら要注意で、自分の心の異変にしっかり向き合っていただきたいと思います。一度モチベーションを失ってしまうと、従来のレベルまで完全に回復するのは非常に困難だからです。

事業承継が、経営モチベーションを再燃させてくれる

繰り返しますが、**事業承継が成功するかどうかは、経営者しだい**です。いくら周りがサポートしても、経営者がやる気にならずに足を引っ張るようなことをしていたら、絶対に成功させることはできません。承継後に従業員や取引先が離れていったり、結局廃業に追い込まれたりという恐れは十分にあります。

逆に、経営者が高いモチベーションを持って事業承継を実現できれば、たとえ自身が亡くなってからもその想いや記憶は残り続け、次の世代へとバトンが渡されるはずです。

私がコンサルティングした事例として、次のような企業がありました。その経営者は事業承継に対して、最初は「今までがむしゃらに頑張ってきたけれど、歳をとったらいつまでも頑張れるとは思えない。やりたいことはまだまだあるけれ

ど、全部はできないから息子が実現してくれれば……」というふうに考えていました。口には出さないものの、「息子に任せればなんとかなるはず」といった雰囲気があり、事業承継へのモチベーションも高いとはいえませんでした。そこで、本章で紹介したような、経営者が主体となって自社の魅力をあらためて把握し、最大化することの重要性を説明したところ、「よし、俺の事業の夢を息子に託すためにも、もっと良い会社にしよう」「息子が自ら進んで継ぎたくなるような魅力ある会社にしよう」という気持ちが強まり、次第に「なんだか元気が出てきたから、俺ももうひと踏ん張り頑張る」と言うようになったのです。

この企業は、経営環境の厳しさから売上が減少していて、経営者は自信とやる気を失っていたのでしょう。事業承継によってあらためて企業理念など自社のありようを再確認することで、事業意欲がふつふつと湧いてきたといえます。つまり、**「愛する会社の永続的繁栄のために、限られた時間を何に・どう使うべきか」**を考えるようになったのです。

こういったケースは、決して特別ではありません。私はこうした例を多数見てきたからこそ、**今の時点で経営にいまひとつモチベーションが見出せない経営者**

でも、「事業承継は最後の大仕事」だと思って、もう一度新しい炎を燃やしてほしいと思います。

事業承継というのは、自社の行く先を大きく変えることのできるインパクトを孕《はら》んだイベントであり、会社の進路を良い方向に向けるか悪い方向に向けるかは、経営者の意識ひとつで変わります。そのことをあらためて認識していただくことが、事業承継成功に至るスタート地点となるのです。

第4章

事業承継の成功へと至る道・その2
失敗しない「事業承継計画」を作成する

準備期間は最低1年、理想は3年

ここまでのお話で、事業承継の意義や重大性をわかっていただけたかと思いますが、事業承継への意欲を新たにしたときに、気になるのがその準備期間についてでしょう。これは、私も事業承継のコンサルティングを行う際、必ずといっていいほど聞かれる質問です。

事業承継は次の3パターンに大別されますが、どのパターンの承継なのかに加え、個々の状況によって準備期間は異なります。

①親族内承継
②親族外（役員・従業員）承継
③M&A

①と②の場合は、後継者候補がいるかどうかでも、準備期間に大きな差が生じます。ただし、後継者候補が見つからない場合は③を選ぶこともあるため、本章ではまず、「中小企業の事業承継の場合に多い①または②で、後継者候補がいる」ということを前提に話を進めていきましょう。

なお、「後継者が見つからない」「どんな基準で後継者候補を絞るべきか？」といったように、後継者がいない状態に悩んでいる方は、第5章からお読みいただければと思います。

結論からいいますと、**親族内承継・親族外承継ともに、理想的な準備期間は3年間**です。もちろん「準備に3年かければ、事業承継は必ず成功する」というわけではなく、あくまで私の経験上ですが、これは**「3年あれば、承継後も大きなトラブルなく経営ができる可能性が高い」**ということを意味します。

実際、私がコンサルティングした企業の中には「1年」で事業承継を成功させたケースもあります。かなりタイトではありましたが、もともと後継者の経営的素質が高く、先代経営者との関係性も良いなど、いつ承継してもいいような状態であったことが成功要因となりました。このように、すでに「1年後には事業承継を行わなければならない」という事情があれば、進め方しだいで1年後の承継も可能ですからあきらめないで取り組んでほしいと思いますが、承継までの時間に余裕があるのでしたら、ぜひ3年間は準備にかけることをおすすめします。

事業承継を実行するまでの流れを大まかに分けると、次の通りです。

ステップ1　「事業承継で、なぜ準備が必要なのか」を理解

ステップ2　「自社の魅力（強み）、経営状況」の把握（見える化）

ステップ3　事業承継に向けた経営改善（強みを伸ばし、弱みを補強。理念の策定など）

ステップ4　事業承継計画書の作成

ステップ5　事業承継の実行

ステップ1からステップ3までは、第1〜3章で解説してきましたので、詳しくは各章をお読みいただき、本章ではステップ4を中心に、経営者、そして後継者が実践すべきことを具体的に見ていきましょう。

事業承継計画書を作成する3つのメリット

「事業承継計画書」とは、「なぜ・いつ・誰に・何を・どのように承継するのか」などの項目を落とし込んだ年単位のスケジュールのことです。この計画を事前に策定することで、さまざまなメリットがありますが、特に次の3つが重要です。

①「自社の現状」を正しく把握できる

ステップ2で把握した「自社の強みや経営状況」については、事業承継計画書を作成するうえでも大いに役立ちます。

計画を策定する過程で事業の将来性や財務状況などを再確認することになるため、関係者で自社の状況を冷静に見つめ直すことができる機会が増えるのです。

②事業承継の「進捗状況」を関係者間で共有できる

事業承継ではさまざまな準備を行う必要がありますが、関係者も多いため、「今、何をすべきか」「どれくらい進んでいるか・完了しているか」などが曖昧になったり、主観で判断したりしてしまいがちです。闇雲に取り組んだ結果、途中で事業承継が頓挫する恐れもあります。

しかし事業承継計画書を作成することで、やらなければならないことや進捗状況が一目で把握できるので、着実に事業承継を進行できます。また、関係者同士で経営ビジョンや戦略の認識をすり合わせることも可能となります。

③従業員、金融機関、取引先などからの「理解や協力」が得やすくなる

事業承継は、経営者と後継者の独力で成功できるものではありません。たとえば後継者に現場経験がない場合、一定期間は現場で仕事をする必要があります。これについて詳しくは後述しますが、その場合には現場の従業員の力を借りなければなりません。事業承継計画をある程度オープンにすることで、現場の従業員の納得感やモチベーションも高まります。

また、承継前に後継者と経営者で金融機関や取引先に挨拶に行くときも、計画に基づいた説明があったほうが信頼感は高まります。

特に中小企業の場合、経営者に対する信頼感・安心感はあるものの、それはあくまで経営者個人に依存するものであり、後継者に対して少なからず不安を覚えるケースは多いものです。そこで、経営者と後継者が二人三脚で、かつ従業員の力も借りて事業承継の準備を計画的に進めていることを示せれば、「この会社は後継者の代になっても大丈夫だ」と安心感を与えることが期待できます。

＊

このように、事業承継計画書を作成することでさまざまなメリットがありますが、事業承継計画に記載する取り組み内容やスケジュールは、**経営者と後継者が協力し合って考えることが肝要**です。後継者に丸投げしてもいけませんし、経営者ひとりが勝手に決めるのも失敗のもととなりますから、この点をしっかり意識していただきたいと思います。

親族外承継の場合は、経営者の親族にとって、**誰が後継者で・どんな流れで承継するのか**の2点は、非常に大きな関心ごとです。細かい進捗状況まで共有する必要はありませんが、取り組み内容やスケジュールについてはしっかり報告し、場合によっては家族会議や親族会議を開いて対話し、親族の同意を得ておくことが重要です。

事業承継計画書に記載すべき内容とは

事業承継計画には、規定のフォーマットはありません。インターネットで調べれば、無料でダウンロードできるものがたくさんありますから、それをベースに会社や経営者、後継者の状況に合わせて適宜アレンジするのがおすすめです。

私がよく利用しているのは、中小企業庁の「事業承継ガイドライン」（第3版）の138ページにある「5カ年版事業承継計画（記入例）」（148ページ表）です。インターネットで検索すれば、誰でも無料で利用できますし、必要項目がしっかり網羅されています。

この「事業承継ガイドライン」は、事業承継の重要性や準備の進め方、事業承継のサポート機関や事業承継自己診断チェックシートなどもまとめられた、非常に内容の濃い資料です。事業承継を考えている人は、ぜひ一度は目を通してみてください。

5カ年版事業承継計画（記入例）

社名		中小株式会社		後継者	親族内・親族外		
基本方針	①中小太郎から、長男一郎へ親族内承継。 ②３年目に社長交代。（代表権を一郎に譲り、太郎は会長に就任。５年目に完全に引退。） ③５年間のアドバイザーを弁護士と税理士に依頼する。						
	項目	現在	１年目	2年目	3年目	4年目	5年目
事業計画	売上高	8億円			8億５千万円		9億円
事業計画	経営利益	3千万円			３千2百万円		3千5百万円
会社	定款・株式・その他		相続人に対する売り渡し請求の導入			他の親族から金庫株取得	
現経営者	年齢	60歳	61歳	62歳	63歳	64歳	65歳
現経営者	役職	社長 →	→	→	会長	相談役	引退
現経営者	関係者の理解		家族会議 社内への計画発表	取引先・金融機関に紹介	役員の刷新（注１）		
現経営者	後継者教育	経営者とコミュニケーションをとり、経営理念、ノウハウ、ネットワーク等の自社の強みを承継 →					
現経営者	個人財産の分配				公正証書遺言作成		
現経営者	持株（%）	70%	60%	50%	0%	0%	0%
現経営者	持株（%）	暦年贈与（暦年課税制度）→					
後継者	年齢	33歳	34歳	35歳	36歳	37歳	38歳
後継者	役職	取締役	専務		社長		
後継者	後継者教育 社内	工場	本社管理部門 営業				
後継者	後継者教育 社外	外部の研修受講	経営革新塾 →	→			
後継者	後継者教育 社外	経営者とコミュニケーションをとり、経営理念、ノウハウ、ネットワーク等の自社の強みを承継 →					
後継者	持株（%）	0%	10%	20%	70%	100%	100%
後継者	持株（%）	暦年贈与（暦年課税制度）→			事業承継税制	納税猶予 →	
補足	・３年目の贈与時に事業承継税制の活用を検討 ・遺留分に配慮し遺言書を作成（配偶者へは自宅不動産と現預金、次男・長女へは現預金を配分）。 ・一郎以外の株主（次男・長女）の保有株式を金庫株取得することで均衡を図る。						

本書では、右の「5カ年版事業承継計画（記入例）」を参考に、具体的な記載項目を上から順番に解説していきます。このサンプルでは、社長が交代するのを3年後、すなわち準備期間を3年間として、社長が完全に引退するのをその2年後という設定で「5カ年版」となっています。実際に書き込む際は、自社の状況に応じて年数を決めていけばいいでしょう。

1　基本方針

大きな指針となる「基本方針」では、主として次の2点を記載します。

・誰が承継するのか
・先代経営者はいつ経営権を譲り、完全に引退するのか

2　事業計画

この部分は、事業承継計画の肝となる部分であり、最重要項目であるといっても過言ではありません。これまで繰り返しお話ししてきた通り、経営者と後継者とで話し合って決めるべき部分です。

項目は**「売上高」**と**「経常利益」**の2つですが、これを記載するときのポイントは、**成長するイメージを描けるかどうか**という点です。サンプルでは、次のようになっています。

・現在　：売上高8億円、経常利益3000万円
・3年目：売上高8億5000円、経常利益3200万円
・5年目：売上高9億円、経常利益3500万円

このような右肩上がりの成長を描けるのであれば、事業承継をする価値は十分にあります。しかし、もしも「先代経営者じゃないと、現在の売上高は維持できないだろう」「3年目の売上は今より厳しいだろう」といったように衰退するイメージしか描けないのであれば、現時点では事業承継を行わないほうがいいかもしれません。

なかには、「3年後に成長しているか衰退しているか、なんともいえない」という方もいるでしょう。その場合、現経営者と後継者とで現状の懸念点を出し合い、それが準備期間で解決できるかどうかを議論する必要があります。

たとえば、「先代が引退したら、取引先A社から契約を切られてしまうかもしれない」といった可能性があるなら、事前に先代から後継者に注意点を伝えたり、他の取引先よりも頻繁に承継前に挨拶に行ったりすることで、そのリスクを下げられるかもしれません。

この「事業計画」で求められるのは、**承継後も、売上や利益を上げ続ける見通しがあるかを確認する**こと。そして**会社の将来におけるポジティブ要因とネガティブ要因を把握する**ことです。これによって、将来のリスクを顕在化し、それに対して適切な対処を行うことができるのです。

もしも1年後や3年後の自社の売上や利益をイメージしたときに、「現状を維持しているだろう」と考えるのなら、それは「衰退」とイコールだと考えなければなりません。経営者のみなさんには釈迦に説法かもしれませんが、**「現状維持でいい」と考えて経営していると、その会社は間違いなく衰退していきます**。たとえ何十年という歴史と実績を持つ会社であっても、社会や経済が劇的に変わり続ける現代では、その変化に乗り遅れると突如として経営危機に直面する事態も当たり前に起こります。

特に後継者は、経営は初めてという方がほとんどだと思いますが、「先代が築いた今の売上をキープできれば十分」というスタンスで承継に臨むケースも散見されます。もしも後継者がそのような消極的な姿勢でいる場合は、現経営者がこの準備段階で会社経営の厳しさを伝えなければなりません。後継者が自分の子どもの場合、厳しいことは言いづらいかもしれませんが、後継者に社長の座を渡した後にその考え方や心構えを変えるのは非常に難しいものですから、取り返しのつかない事態に陥る前に対処していただきたいと思います。

後継者の経営マインドに少しでも不安を感じたら、最初の段階では心を鬼にして接する強い意志が必要です。

3　会社（定款・株式・その他）

これは会社全体にかかる部分であり、状況もさまざまです。法務や財務など専門的な知識を要する部分ですから、顧問税理士や弁護士などの専門家に相談して記載すればいいでしょう。

4　現経営者

現経営者が行うべきことを記載する部分で、具体的には6つの項目があります。

一つひとつ内容を見ていきましょう。

①年齢

現在の年齢から承継完了後までの年齢を記載します。細かい工夫ですが、これによって承継の各工程をより「自分ごと」として想像できる効果があります。

②役職

148ページでは、「60～62歳までが社長、63歳が会長、64歳が相談役、65歳が引退」となっていますが、この通りに進める必要はありません。ただし私の経験上、特に親族内承継の場合は、会長↓相談役↓引退と、承継後も社長がメンターのような立ち位置として在籍するケースが多くあります。いきなり引退するのではなく、「会長」というポジションに就いて会社に残ることで、実際には経営権を持たなかったとしても、従業員や取引先・金融機関などの外部から、「まだあの人が会社にいる」と思ってもらえるので、安心感を与えられます。

また、親族であれば後継者（子ども）に不安なところがあっても、先代経営者が近くに残ることで、アドバイスしやすいというメリットがあります。一方、役員や従業員などの親族外承継の場合は、社長からいきなり引退するケースも少なくありません。この場合、営業部の責任者や工場長など、後継者がすでに能力も影響力も高いことがほとんどだからです。親族承継と異なり、現経営者も後継者もビジネスライクに考えていることが多いといえます。

③関係者の理解

親族や従業員、金融機関に対して、事業承継のことを伝える時期を記載する項目です。サンプルでは親族内承継を前提にしているので、「家族会議↓社内発表↓取引先・金融機関に紹介」という順番になっていますが、親族外承継の場合は、後継者候補を絞り込むフェーズが最初にあるので、「後継者の選定↓家族会議↓社内発表↓取引先・金融機関に紹介」となる場合が多いです。これについて、詳しくは161ページで解説しましょう。

④後継者教育

後継者にどんな教育をすべきか、どんなことを意識すべきかなどについて記載します。これは第5章で詳述しましょう。

⑤個人財産の分配

前述の「3　会社（定款・株式・その他）」と同様、会社の状況もさまざまなので、顧問税理士や弁護士などの専門家に相談して記載する項目です。

⑥持株（％）

経営者の持株をどのように、どれくらいの比率で後継者に移していくのかを記載します。承継の方法としては、「暦年贈与」と「相続時精算課税」の2つがあります。「相続時精算課税」については第2章で解説していますので、ここでは「暦年贈与」について見ていきましょう。

「暦年贈与」とは、正式名称は「暦年課税制度」といい、財産を贈与してもらっても、110万円までなら税金がかからないという制度です。正確には、**「年間（1月1日から12月31日まで）に受けた贈与額が110万円以下である場合、贈与税は発生しない」**と定められています。

暦年贈与にはいくつか注意点があるものの、年間110万円まで非課税で贈与できることは非常に大きなメリットです。148ページでは、現経営者が60

歳のタイミングで暦年贈与の活用をスタートしていますが、もっと早くから始めてもかまいません。

ただし、**後継者が確実に決まっていない段階で生前贈与をしてしまうと株式が分散してしまうので、注意が必要**です。実際、息子を後継者にすると決めて生前贈与を繰り返してきたものの、結局は息子以外の人が後継者になることになり、分散した株式を回収しなければならなくなったというケースもあります。

5 後継者

これは後継者が承継にあたって行うべきことを記載しますが、具体的には次の4つの項目があります。

①年齢

現経営者と同じく年齢で記載し、「自分が○歳のときに○○をする」という認識をしっかり持ってもらうようにしましょう。

②役職

148ページでは「33歳・取締役、34歳・専務、36歳・社長」となっていますが、このように、いきなり社長ではなく「専務」などの時期を入れるケースがほとんどです。このサンプルでいえば、「専務」の段階で、「相続人に対する売渡請求の導入」と「家族会議・社内への計画発表」の2つも記載されていますが、これら2つを実行するということは、現経営者の頭の中でも「株をどれくらい・誰に渡すのか」について決まっている段階であることを意味します。

専務就任の期間は、会社によって大きく異なります。順調に準備が進めば1、2年ということもありますし、社長が「自分がまだまだやれる」と言ったり、後継者の成長が想像以上に遅かったりしたら、「万年専務」のように何年も専務の状況が続くケースもあります。その場合は、当然、事業承継計画も作り直さなければなりませんから、この意味でもやはり後継者選びを慎重に行う必要があるのです。

③後継者教育

経営権が後継者に移ったら、形式上は事業承継が完了したことになりますが、それは「新たな経営者によるスタート」も意味します。たとえば、経費でお金を使うことばかり考えている人が経営者になったら、第1章で紹介した事例のように、1年も経たずに取引先や従業員は離れていき、会社は崩壊してしまいます。そんな事態に陥って後悔しないためにも、事業承継の準備期間では、後継者教育をしっかり行わなければなりません。

後継者教育は、サンプルにあるように「社内」と「社外」の2軸で考えますが、具体的な方法は第5章で解説しましょう。

④持株（%）

「現経営者」の箇所で決めた内容をふまえ、数字や取り組みを記載します。

*

ここまでが、事業承継計画に記載すべき内容です。実際の項目数はそれほど多くはなく、サンプルに書かれているような最低限の内容を記載すれば問題はありません。ただし、特に「個人財産の分配」「持株」「後継者教育」については、自社の状況に応じてより深掘りして記載していただければと思います。

事業承継計画書は、最低1年に1回は見直す

事業承継計画を策定したら、それに基づいて実行していけばいいのですが、**どれだけ順調に進んでいると思っても、1年に1回は見直すことが大切**です。

本当はこまめに軌道修正するほうがベターですが、事業承継というのはなかなかエネルギーを要しますし、本業の経営面でやるべきこともたくさんありますから、私の経験上、結果として年1回くらいになることが多い印象です。ただし、公正証書の手配や株式の移行、事業承継税制の手続きなどは、毎月確認するようにしましょう。

計画を見直すうえでは、実際の進捗とのズレも起こります。そのときにはその都度計画を修正する必要がありますが、計画変更で最も多いのは、やはり承継時期の変更です。

「予定よりも進んでいない」「もう少し議論が必要」といった理由から、各フェーズが少しずつ先送りになっていき、1年の振り返りのときには「もう1年プラスでかかりそうだ」となることもあります。

予期せぬ事態というのは起こり得るものです。計画通りに進んでいないときには、その計画を遵守するべく躍起になって苦心するよりも、「承継を成功させる」という大きなゴールを実現するためにどう行動するのが最善か、柔軟性と判断力が求められるのです。

事業承継計画書を徹底的に活用する

事業承継計画書を共有すべき相手は、基本的には**役員**と**親族（相続人）**です。共有する時期としては、148ページにあるように、後継者が専務になったあとくらいが多いです。ある程度地位が確立し、相続人に対する株式の売渡請求が完了して、事業承継の下地が整ったタイミングがよいでしょう。

取引先への告知は、その1年以内が一般的です。主要取引先には直接説明に行くとともに、承継後は挨拶文を送付するのが基本です。

重要度の高くない取引先であっても、挨拶文だけは最低限送付することを心がけてください。また、前述したように現経営者の影響が強い会社の場合、挨拶で訪問したときは「自分（現経営者）はすぐに引退するわけではないし、万全な準備をしている」ことを強調するのもポイントです。これによって、取引先や金融機関の不安も相当に解消できるはずです。

「事業承継計画」というと面倒で手間がかかるというイメージを抱くかもしれませんが、これまでお話ししてきたような内容ですから、現経営者と後継者であれば問題なく記載できる内容ばかりです。ただし、お互いにしっかりと、自社の展望を詳細に話し合う必要がありますから、やはり時間はかかるかもしれません。

ただ、ここでお伝えしておきたいのが、私が見てきた限り、**事業承継を成功させた企業は、必ずしっかりした計画を策定している**ということです。

逆にいえば、後継者が承継後に問題を起こしたり、相続トラブルが発生したり、従業員や取引先が不満や不安を抱いたりする企業は計画をつくっていない、あるいは内容がずさんであることが多く、**綿密な事業承継計画を立てているか否かが承継の成功に大きく関わる重大な要因**だといえるでしょう。

事業承継計画を作成する過程では、これまで見過ごしてきた課題やトラブルの火種が顕在化するはずです。この計画の作成は、そうしたネガティブな要因を解消するチャンスですが、さらに「事業承継を機に、あれもしたい・これもしたい」というポジティブな気持ちも出てくることと思います。だからこそ、事業承継が自社を大きく成長させるタイミングとなるわけです。

ですから読者のみなさんには、現実から目を逸らすことなく、この計画を実現可能な内容にするとともに、計画表を見ることで前向きになれるような要素も入れて作成し、事業承継の実行に活用するのみならず、自社を発展させるツールとしていただければと思います。

第5章

事業承継の成功へと至る道・その3

優秀な後継者を選び、育成する

「後継者候補」を見過ごさないために

前章では事業承継計画書を作成するポイントについてお話ししましたが、計画を立てる以前に大きな問題となるのが、後継者選びです。

実際、本書をお読みのみなさんのなかには後継者が見つからないことに悩んでいる方も多いかもしれませんが、第1章で取り上げたように、2021年の後継者不在率は61・5％。特に中小企業における「後継者不在問題」は解決しておりません。

しかし、私がこれまで多くの企業の事業承継をお手伝いしてきた経験からいえば、**「後継者不在」と悩む会社であっても、実は後継者候補が存在する**ということは、決して珍しくありません。簡単にいえば、**会社を引き継ぐ意思がある、あるいは経営能力やマインドを持ち合わせている従業員がいるのにもかかわらず、経営者にはその存在が見えていない**というケースが非常に多いのです。

経営者は後継者を一生懸命探しているのに、なぜ、このような「見過ごし」が起こるのか。その最大の原因は、経営者のマインドにあると私は考えています。具体的には、次のような意識です。

・「うちの会社を引き継ぎたい人なんているはずがない……」
・「うちの社員に経営は無理だ」
・「承継するなら、もっと良い人にお願いしたい」

このように、自社あるいは自社の従業員に対して消極的な評価を下し、実情を悲観的に捉えている経営者が散見されます。しかし、最初から「うちに後継者はいない」と決めつけるのは、従業員たちに対して失礼ともいえるのではないでしょうか。

たとえば、10年以上働いている従業員がいたとしましょう。経営者の視点から見れば、長い付き合いであるがゆえに、「あいつにはまだ◯◯が足りていない」「優秀だが、愛社精神に欠けている」など、いろいろと思うところがあるかもしれません。しかしここで、その判断は本当に正しいのか、あらためて検討していただきたいと思います。

もちろん、信頼に値しない相手を後継者に選ぶ必要はありませんが、**長く会社に勤めているということは、自社に対してなんらかの魅力を感じていて、自社に愛着を持っている可能性が高い**といえます。

もしかするとその社員は、経営者が思う以上に、会社のことを誇りに思っているかもしれません。その社員に「なぜ10年以上働いているのか」をあらためて聞いてみれば、後継者とするか否かを決める大きな判断材料が得られるかもしれませんね。

かつてその人を採用したときには、「ぜひ、うちに来てほしい！」と感じるポイントがあったからこそ、自社に招き入れたはずです。たとえどんなに人材不足の状況でも、「この人とは絶対に一緒に働きたくない」と思う人は雇わないものです。そう考えると、**10年以上ともに働き続けた社員がいるのに、そのうちの誰も後継者候補になれないのだとしたら、それは従業員のせいではなく経営者の視野が狭いことが原因**という可能性もあります。

後継者が見つからないことに悩んでいるのでしたら、もう一度従業員の顔を思い浮かべてみていただきたいと思います。従業員のダメな部分ばかりに着目して「後継者としては不適格だ」という判断を下す前に、その従業員のことを理解するよう努力してみると、それまで見過ごしていた「後継者候補」を見つけられるかもしれません。

後継者にふさわしい人物を見抜く3つのポイント

ここで、「長く勤めている」という資質を含め、後継者を選ぶ具体的なポイントを3つご紹介しましょう。

①勤続年数が10年以上であること
②40歳以上であること
③人間力が高いこと

①「勤続年数が10年以上であること」は、前項でお話ししたこととも通じますが、これはとりわけ中小企業の後継者としては重要な要素です。大企業であれば、社員の平均レベルが高い傾向があり、会社としてのブランドもありますから、優秀な人材を後継者候補として招き入れて勤続年数が短い後継者に承継することも

不可能ではありません。しかし中小企業の場合、大企業と違ってブランド力も弱く、後継者が会社の強みを理解するのに時間がかかりますから、後継者にはその企業に長く勤めてもらい、自社の魅力や理念、文化をしっかり体得してもらう必要があります。

さらに中小企業は、経営も常に安定しているとは限りません。そのため、後継者が「自分はこの会社で働けることを誇りに思う」「この会社に将来も尽くそう」と考えられるようになるまでには、やはり10年程度は必要となるでしょう。

この「勤続年数10年以上」という条件は「②40歳以上であること」にも関連してきます。というのも、中小企業で勤続年数10年以上の30代は決して多くないからです。ただし、**「勤続年数10年以上」も「40歳以上」も、必ずしも後継者の必須条件ではありません**。

30代でもリーダーシップや先見力、人望など、経営者としての器を持ち合わせている人もいますし、同じように勤続年数が5、6年でも、自社の魅力をしっかり把握してそれを伸ばすための各種施策を考え、実行できるセンスを持つ人もいます。そうした人材は後継者としての器を備えているといえますから、この①②のポイントはあくまで目安としてご活用いただき、逸材を見過ごさないようにしていただければと思います。

後継者選びで最も重要なポイントが、３つ目の「人間力が高いこと」です。

経営者として求められる能力はある程度の「年数（期間）」に応じて身につき、洗練されていくものですが、人間力は、年齢や経験に比例しないことが多いといえます。「人間力」というのは非常に漠然とした言葉ですが、実は内閣府の「人間力戦略研究会報告書」では、人間力は次のように明確に定義されています。

１　知的能力的要素

「基礎学力（主に学校教育を通じて得られる基礎的な知的能力）」「専門的な知識・ノウハウ」を持ち、自らそれを継続的に高めていく力。また、それらの上に応用力として構築される「論理的思考力」「創造力」など。

２　社会・対人関係力的要素

「コミュニケーション力」「リーダーシップ」「公共心」「規範意識」や「他者を尊重し切磋琢磨しながらお互いを高め合う力（相互啓発力）」など。

3　自己制御的要素

これらの要素を十分に発揮するための「意欲」「忍耐力」や「自分らしい生き方や成功を追求する力（自己受容・自己実現力）」など。

同調査では、この3つを総合的にバランス良く高めれば人間力が高まると示されています。これら3つは社会に出ることで身につく部分も大きいですが、私は、その根本は**それまでの教育によって身につくもの**だと考えています。

たとえば親族内承継の場合、後継者である子どもを甘やかして育てていれば、いくら事業承継のときに教育したとしても、もともと備わっている悪い部分はほぼ直りません。人間力、つまり人としての最低限のマナーや倫理観は、よほど考えを改めるような大きな出来事がない限り、大人になって身につけようと思っても身につかないものです。

私の経験上、**人間力が低い人が後継者になった場合、承継後の経営はまずうまくいきません**。ひどいケースだと、第1章で紹介した事例のように、1年足らずで従業員や取引先が離れていき、目も当てられないほど悲惨な状況になることもあります。

それでは、人間力の有無はどうやって判断すればよいのでしょうか。それを見極める方法として簡単なのは、本人に**「従業員よりも給料が低いことを受け入れられるか」**を質問することです。

一般的に、経営者は従業員よりも給料が高いというイメージがあります。しかし承継後の後継者は、経営者として一人前とはいえません。また、経営状況が悪化したら自らの給料を減らし、従業員たちの生活を支えなければならないシーンも出てくるでしょう。ですから**経営者には、「いざとなったら自分が責任を負う」という信念と胆力が求められる**といえます。

後継者候補に先の質問を投げかけてみて、もし尻込みするような態度をとったら、その人には経営者としての責任は期待できないかもしれません。自分の利益をまず重視するようでは、承継後も会社を私物化するなど、トラブルを招く恐れが極めて高いといえます。

人間力というのはあとから変えられない要素であるからこそ、後継者選びの際は慎重に、かつ厳しくジャッジする必要があります。

経営者に必要な人間力とは？

親族外の後継者を選ぶときの注意点

続いて、親族外承継で後継者を選ぶときの注意点を、より詳しく解説していきましょう。その大前提として、**後継者候補として外部から人を採用することは、中小企業ではあまりおすすめできない**ということがあります。

中小企業の場合、社員数は10~50名程度というのが一般的です。このくらいの人数だと社内の結束力が強く、外部の後継者候補に対して嫉妬心を抱く人が多いことが多いようです。メンバー全員の顔が見えるために、ネガティブな感情や情報が伝播しやすい傾向もあり、簡単にいえば、**社外の後継者候補に対するマイナスの感情が社内に浸透して、誰かが足を引っ張ってしまいがち**なのです。

私の経験でも、中小企業に後継者候補として入った人がスムーズに承継できたケースはほとんどありません。ただし、後述するM&Aのように「最初から経営者」として外部から来る人であれば、問題なく承継できる可能性は十分にあります。社外の人物を後継者に選ぼうとしているなら、お互いに覚悟が必要ということです。

社内の人材から後継者を選ぶときに意外と多いのが、「目立つ人」を選ぶケースです。ここでいう「目立つ人」とは、リーダーシップの強い、いわゆるカリスマ気質の人を指します。

この種の従業員は一見すると経営者に向いていそうだと思えますが、**後継者としてはカリスマ性よりも、和を乱さず、チームワークを重視するという性質が重要**で、そのようなタイプのほうが周りは付いてくるものです。

特に従業員から後継者を選ぶ際は、派閥ができやすく、権力争いも激化しやすい傾向があります。先代経営者が退いたタイミングで意外な人物が権力を振りかざすことも珍しくありません。

チームスポーツであれば、絶対的なエースとキャプテンは別の人物であることも多いのですが、これは事業承継でも同じです。**自分を主張しすぎず、各所の調整がうまい人が後継者としてふさわしい**のです。

また、**数字を見て正しい判断ができることも、後継者に必要な資質**です。これについては、拙著『これだけは知っておくべき社長の会計学』（幻冬舎）を見ていただければ、ポイントをつかむことができます。

難しいのは、やはり**「経営センス」**です。一朝一夕には身につかないことがほとんどですし、失敗すれば成長できるというものでもありません。とはいえ、後述するような外部での後継者教育を受けることで、さまざまな刺激を受け、経営者として成長していくケースも多くありますから、**「この従業員は、経営センスがないからダメだ」と決めつけるのではなく、周囲のサポートも含めて中長期的な目で見ることも必要**です。

後継者を育成する2つの方法

後継者となる人物を見つけたら、その人物を育成することもまた必要となります。具体的には、「社内教育」と「社外教育」の2つによって後継者としての資質を育てていくことが不可欠ですが、具体的にどんなことをすべきなのかについてお話ししていきましょう。

①社内教育

「社内教育」とはつまり、**社内のどの部署で、どんな経験を積ませるか**ということです。

たとえば、営業部のトップを後継者にする場合、自社の商品・サービスや取引先については詳しいはずですが、製造・開発現場については正確に把握できていない可能性があります。

自社にどんなタイプの人たちが働いているか、彼らが何に対してストレスを抱えているか、どんなスケジュールで動いているか、どんな業務が発生しているか、どんな課題があり、どんな課題を解決してきたのか……。こういったことを理解していなければ、「新しい社長は、現場のことは何も理解していない」と従業員から思われてしまうかもしれません。

すると、事業承継を機に後継者が経営方針や手法を変えようとしても、現場から反対される恐れがあります。そこで無理やり実行しようとすると、より溝が深くなってしまいます。

こうしたリスクを防ぐためには、**後継者があらゆる部署を経験し、既存社員とコミュニケーションをとって関係性を深める必要があります。特に売上に直結する部門の現場経験は、必ず一定期間積む**ことをおすすめします。

ゼロから起業する場合は、最初の頃はあらゆる業務に自分で対応するのが普通です。営業、顧客フォロー、開発・製造、経理、人事、あるいは掃除から電話・プリンターの設定に至るまでの雑務も、何もかも自分でやるしかありません。創業社長であれば、キラキラした社長像とは大きくかけ離れた、このような地味で泥臭いことばかりをした経験がある方も多いでしょう。

しかし、そんな経験があるからこそ、営業成績が伸びないときの対処法や原因がわかったり、商品やサービスの質を一瞬で見極められたり、人材育成のアドバイスができたりするのだと思います。

後継者は、すでにできあがった会社を引き継ぐわけですから、そのような創業社長ならではのオールマイティーさを備える機会はありません。現経営者が何年、何十年と積み重ねてきた経験を、後継者に承継することは不可能です。それでも、限りある期間にできるだけ多くの現場経験を積むことで、**「経営者としてのやる気」を周囲に示すとともに、「社長は自分たちの仕事をわかろうとしてくれている」と思われるような姿勢を見せることが大切**なのです。

②社外教育

社内教育は、事業内容、社員など会社への理解を深めるための教育ですが、それだけでは経営者としては不十分です。先に挙げた経営センスなどを養うには社外教育が必要であり、外部での後継者教育は、大きく3つに分かれます。

外部での後継者教育の種類とメリットは？

セミナーや研修への参加

・経営者に必要な知識やノウハウを体系的に習得できる
・オンラインでのプログラムもあるので、時間や場所の融通が利きやすい
・商工会・商工会議所や金融機関などが主催する研修だと、比較的安価

子会社・関連会社などの経営を任せる

・経営者としての経験を一足早く積める
・経営者としての責任感がより高まる
・経営者としての資質を確認できる

他社での勤務を経験させる

・従来の枠にとらわれず、新しいアイデアを獲得できる
・人脈を形成できる
・経営手法や技術、カルチャーなど多様な経験を積める

経営に関するセミナーや研修に参加させる

経営に関する知識やノウハウを体系的かつ効率的に身につけるには、セミナーや研修を受けるのが効果的です。「経営塾」や「後継者塾」と題されるセミナーを受講することで、経営者としてのマインドや経営戦略の立て方、マーケティング、採用・人事など、経営者に必要とされる知識全般を体系立てて習得できます。

最近はオンラインツールも増えたので、本業の隙間時間に学ぶこともできます。民間企業が提供しているサービスでもいいですし、商工会議所や金融機関などが主催するセミナーに参加する方法もあります。

１４８ページの「事業承継計画」のサンプルでは、「後継者」の列に、承継準備が始まった33歳時点で「外部の研修受講」と記載されていますが、後継者が決まった段階で外部研修をスタートするといいでしょう。ただし、後継者候補が複数いて、誰にするか決まっていない状態で研修に行かせても、各候補はそれを「自分ごと」として捉えず、受講の効果は薄くなります。そのため、経営者・後継者向けのセミナーや研修は、後継者をしっかり確定してから受講させたほうがいいでしょう。

子会社・関連会社などの経営を任せる

すでに後継者に一定程度の実力があるのなら、子会社や関連会社の経営を一時的に任せるのも有効です。リアルな経営の経験を積むことで、経営者としての責任感や判断力を育てることができます。

他社での勤務を経験させる

後継者に取引先や同業種などの他社で経験を積ませることで、次のようなメリットがあります。

- 人脈形成ができる
- 経営手法を学べる
- 自社の存在意義を再確認できる
- 自社の強み・課題を客観的に分析できる

特に転職経験がない後継者の場合は、自社のやり方しか知らないがために、抜本的な改革をせずに従来の手法を踏襲してしまうことも多々あります。思考停止の状態になっているといえますが、これはまさに「井の中の蛙」で、極めて危険な状態です。一度他社での経験を積むことで「大海」を知り、考え方が一変する契機となるはずです。

コラム

M&Aにおける後継者育成の注意点は？

中小企業の「後継者不在」が社会問題化するなかで、近年はM&Aを選択する企業も増えています。中小企業庁が公表した「事業承継に関する現状と課題について」（2016年）によると、事業承継・引継ぎ支援センターで請け負った案件数は、右肩上がりで増加しています。このデータは2015年までなので、現在の件数はもっと多い可能性が高いといえます。

さらに注目すべきは、事業承継の相談案件のうちM&Aが約70%と非常に高い割合だということです。事業承継・引継ぎ支援センターが請け負った事業承継で、企業の従業員数に目を向けてみると、「1～5名以下」が半数弱、「6～10名以下」「11～20名以下」と続きますが、従業員数が少ない小規模の中小・零細企業がこの事業承継・引継ぎ支援センターを活用していることがわかります。

事業の引き継ぎ件数と種類は？

事業引き継ぎ件数

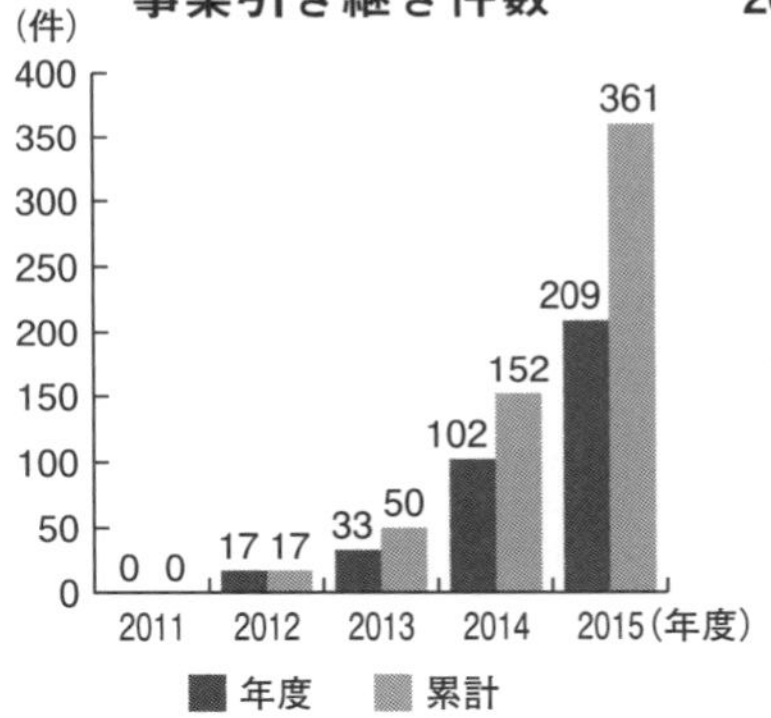

2015年度 事業引き継ぎ案件の概要

事業承継の形態

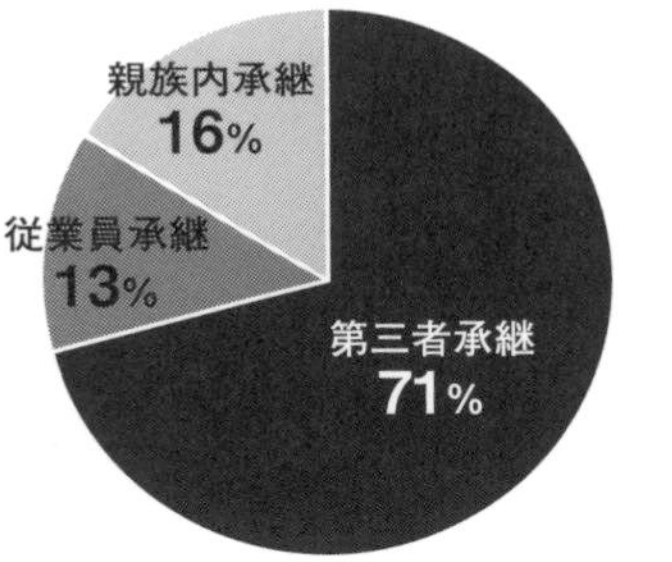

譲渡側企業の概要

業種

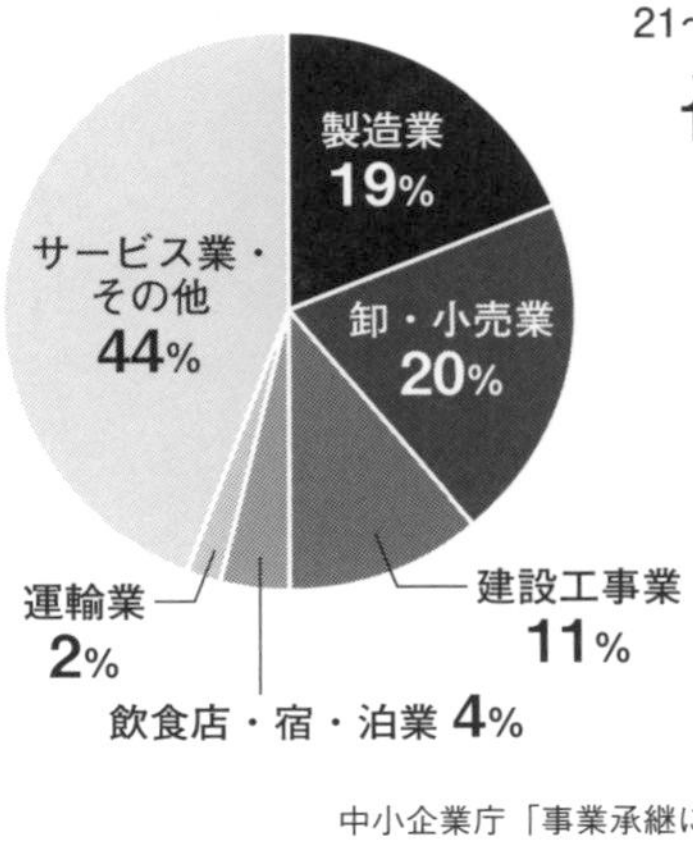

従業員数

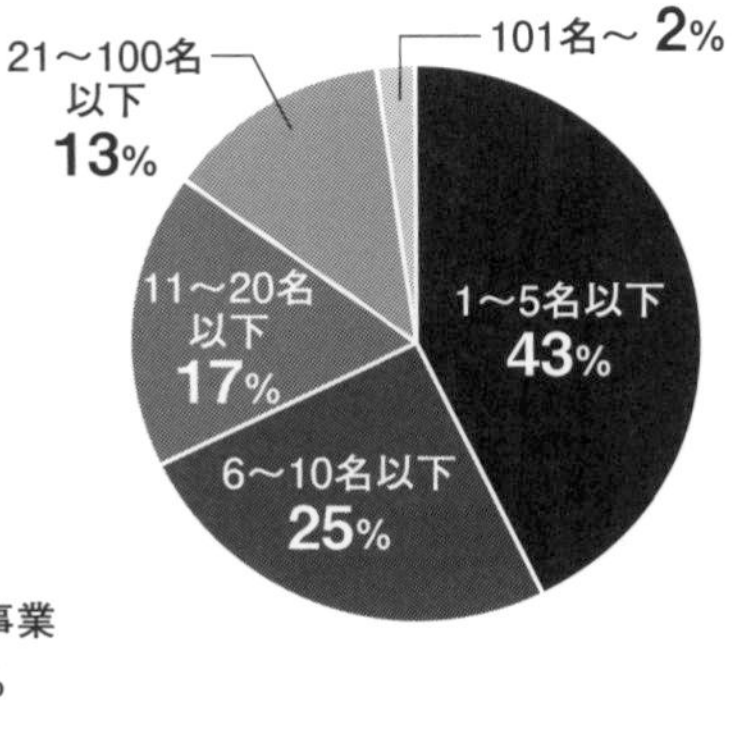

中小企業庁「事業承継に関する現状と課題」（2016年）をもとに作成

この調査元である事業承継・引継ぎ支援センターに限らず、M&Aをマッチングする仲介会社は年々増加しており、日本政策金融公庫が取り組んでいる「事業承継マッチング支援」など無料のマッチングサービスも増えました。中小企業の場合は、同業者の社長や金融機関の紹介でマッチングするケースも見られます。

M&Aを行うと、買い手企業から新しい経営者が来るわけですが、従業員からは厳しい目を向けられることが大半です。後継者の能力はもちろん必須ですが、なおかつその会社の文化への理解が深くなければ、従業員との溝は埋まりません。承継して「1年以内に、自分がこの会社を変えてやろう」と改革を強く押し進めようとしても、まずうまくはいきません。変革が必要であっても、3年程度は期間を必要とします。

ビジネス書やウェブメディアなどでは「敏腕経営者がM&A後に大胆な改革をした」という文脈でしばしば語られますが、その内実は「既存社員を辞めさせた」という強引な手法であることが多く、これは事業承継のあるべき姿ではないと私は考えています。経営者が代わって自然と辞めていくならまだしも、後継者が力を振りかざして辞めさせるというのは、決して良い会社とは思えません。短期的には成功したように見えても、長い目で見た場合、経営は行き詰まることになります。

M&Aのありかたを考えるときに私がまず思い出すのは、日本電産の会長兼最高経営責任者である永守重信さんの考え方です。

彼は「M&Aの神様」とも呼ばれていますが、日本電産は「2030年度に売上高10兆円」を目標として掲げ、積極的にM&Aを繰り返し、これまで国内外で手がけた67社のM&Aをすべて成功させました。その背景には、「買収した企業の雇用を守り、誰も損をしない買収を心がけている」という永守さんの強いこだわりがあります。

永守さんは著書『永守流 経営とお金の原則』（日本経済新聞出版）のなかで、「M&Aを成功させる3つの条件」として以下を挙げています。

・高い価格で買わない
・ポリシー（政策・方針）
・シナジー（相乗効果）

後継者不在の中小企業にとって、M&Aはとても魅力的な選択肢ではありますが、買い手となる企業が自社を成長させてくれるだけのしっかりした理念を持っているか、そして後継者となる人物がこれまで本章で解説したような条件を満たしているかを、慎重に見極めることが重要です。

「後継者の心構え」が承継後の経営を大きく左右する

後継者が経営者マインドを持つことは、事業承継を成功させる大きなポイントのひとつですが、私自身も現在経営している会計事務所を父から引き継いでおり、事業承継のプレッシャーや難しさと同時に、やりがいや喜び、楽しさも感じてきました。

事業承継は周囲からも期待が集まる一大イベントであり、後継者は社長になりたての頃は緊張感を持って経営に取り組みます。しかし日が経つにつれて、謙虚さや感謝の気持ちが薄れていき、保身に走ったり従業員を下に見たりといったように、承継直後から別人のように態度が変わった2代目社長もしばしば見られます。

このような2代目社長とならないためにも、私は、次の「後継者の心構え10カ条」を常に意識するよう心がけています。

後継者の心構え10カ条

1　父母の恩に感謝する
2　状況は常に移り変わることを覚悟し、先を読む
3　うまくいかないことに腹を立てない（辛抱強くなる）
4　先代社長を立て、分をわきまえる
5　誠実さを失わない
6　努力を惜しまない
7　1日1回、心を静める
8　社会（社内）のルールを守る
9　公私混同をしない
10　社員とその家族の生活を守る

TKC全国会後継者塾テキスト『会社を発展させる経営者になるために（第3版）』

社長が備えるべきマインドとして当たり前のことであり、目新しいものはないかもしれませんが、だからこそ忘れやすく、蔑《ないがし》ろにしやすいことばかりではない

でしょうか。高く積み上げた企業の信頼というのは、経営者の言動ひとつで、瞬く間に崩壊します。

経営者になったからには、従業員のときよりも謙虚になる気持ちで、周囲に接することが大切であり、この10カ条のような「当たり前のこと」でも、疎かにしてはいけないと考えています。

本章の最後に、山田愛剣氏の『大金言』より、私が好きな文章を引用します。後継者に対するメッセージが詰まっていますので、少し長くなりますが、ぜひご一読いただければと思います。

若《も》し、富者に褒《ほ》むべき点があるならば、それは、勤勉、忍耐、節倹、才智、機敏など、能《よ》くその富を積むに足るだけの徳と力とを具《そな》えていたこと、すなわち彼が、イギリスの諺に所謂自ら助くる人――自助の人――であったことがそれである。

であるから、自身、勤めず労せずして、単に父祖の富を承け継ぎ、それによって富者たる者は、その富が、幾百万、幾千万に上るとも、決して称賛するには足らぬ。否、自ら助くる能のない為めに、他人に倚《よ》って衣食する居候的人物と一般、人間の最も卑《いや》しむべき部類に属する。人に貴ぶ所は、自主自立の精神に在る。自ら助けて、自らの運命を開拓し行くの点に在る。すなわち賞品を得べき実力を有することに在る。他人の努力によって一等賞を得た富者の子に、何の名誉があるものではない。

故に富者の子には、その富に依頼せず、己れの運命を更に大いに開拓し行くという、この心が必要であるが、悲しいかな、彼には然《そ》うした勇猛心がない。日本の諺に、「長者に二代なし」といい、川柳に、「唐様《からよう》で売家と書く三代目」というが如く、富者の子には厄雑者《やくざもの》が多い。というのが、富者の子は、平生父母の慈愛に浸《ひた》り、一切万事を婢僕《ひぼく》の手に任せて、自分は、安逸《あんいつ》を貪《むさぼ》っている。すなわち父母に依頼し、父母の富に依頼し、婢僕に依頼し、彼の生活は、一から十まで、依頼の生活である。自ら助くる精神は、かくて彼れから失われずにいない。富者の子に厄雑者が多く、自ら助くる者を助くる天の助けを受け得ないで、産を破り、身を滅すに至るのは、あえて異とするに足らぬ。

この点、富者の子たる者は、大いに戒心すべきであるが、その親たる者も、大いに注意しなければならぬ。子孫の為めに富を積むのは、多くの場合、子孫を愚にするのである。子孫をして自ら助くるの精神を失わしむるのである。西郷南洲が、世間通常の親々と異って、子孫の為めに美田を買わずといったのは、またここに慮（おもんばか）りがあってのことか。親の情、子孫の為めに富が遺したいとならば、平生、教養の方法において、工夫する所がなくてはならぬ。

山田愛剣著『大金言』（バベル社）

第6章

知識ゼロでもわかる「事業承継税制」の活用法

事業承継税制を受けるために知っておくべきこと

事業承継税制は、正式には「法人版事業承継税制の特例措置」といいますが、事業承継にかかる贈与税・相続税の支払いが猶予される制度です。より厳密にいうと、制度適用が認められれば納税が「猶予」されることになります。

「猶予＝税金がゼロになる」と勘違いしている人が多いのですが、「猶予」と「免除」には次のような違いがあります。

・猶予：税金の支払いを先延ばしにすること。納税義務がなくなるわけではないので、いずれは税金を支払う必要がある

・免除：税金の支払いをせずに済むこと。納税義務がなくなるので「税金ゼロ」になるといえる

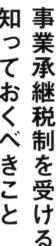

第2章では制度が生まれた背景や一般措置と特例措置の違いについて解説しましたが、本章では適用までの具体的な流れや必要な要件、注意点についてお話ししていきましょう。

贈与税の猶予を受ける7ステップ

贈与税と相続税では内容が異なるので、まずは贈与税から見ていきましょう。
事業承継税制を利用して贈与税の猶予を受ける流れは、次の通りです。

ステップ1　特例承継計画を策定・提出し、確認を受ける

「特例承継計画」を策定し、認定経営革新等支援機関（税理士、商工会議所などど）の所見を記載して、**2024年（令和6年）3月31日までに都道府県知事に提出**し、その確認を受けます。

「特例承継計画」とは、後継者名や事業承継の予定時期、承継時までの経営の見通しや承継後5年間の事業計画などを記載した書類のこと。インターネットで「法人版事業承継税制（特例措置）の前提となる認定に関する申請手続関係書類」と検索すると、中小企業庁のページからフォーマットを無料ダウンロードできます。ただし、この書類は基本的に税理士が作成することが多いです。
ちなみに、このページには事業承継税制の申請手続きを行ううえでの書類がまとめられているので、大変便利です。制度利用を考えている人はブックマークしておくとよいでしょう。

ステップ2　**代表者の交代と株式の贈与を行う**

贈与を実施します。贈与のタイミングまでには、先代経営者は代表を退任、後継者は代表に就任していなければならないことは、覚えておきましょう。「先代経営者」「後継者」の詳しい要件は、205ページをご参照ください。

ステップ3　**各種要件を満たしていることの認定を受ける**

後述する「会社」「先代経営者」「後継者」の要件を満たしていることについて、都道府県知事の「円滑化法の認定」を受けます。**「円滑化法の認定」を受けるためには、贈与を受けた年の翌年の1月15日までにその申請を行うことが必須**です。

ステップ4　**贈与税を申告し、担保を提供する**

贈与税の申告期限までに、この制度の適用を受ける旨を記載した贈与税の申告書と一定の書類を税務署に提出します。あわせて、納税が猶予される贈与税額・利子税（詳しくは213ページ参照）の額に見合う担保を提供します。ただし、全株式を担保として提供した場合、納税が猶予される贈与税額・利子税の額に見合う担保の提供があったものとみなされます。

ステップ5　申告期限から5年までは、事業継続案件を継続する

この優遇を受けるためには、贈与税の申告期限から5年間、事業継続要件を維持しなければなりません。**この5年間は、毎年都道府県知事に報告し、税務署に継続届出書を提出する必要があります。**

納税猶予が取り消しになった場合は猶予されていた税額全額に加え、利子税を納税しなければなりません。取り消しになる主な理由は、次の通りです。

納税猶予が取り消しになる主な理由

①毎年の報告・届出書の提出をしなかった場合
②後継者が代表者ではなくなった場合

③会社が資産管理会社に該当した場合（一定の要件を満たす会社を除く）
④後継者が一族のなかで筆頭株主ではなくなった場合
⑤一族の議決権が50％以下になった場合
⑥納税猶予対象株式を一部でも譲渡した場合
⑦一定の組織変更、解散をした場合
⑧雇用の平均8割維持要件を満たさなくなった場合（ただし、その理由について認定経営革新等支援機関の意思が記載されている報告書を都道府県に提出し、確認を受ければ認定取り消しにはならない）

ステップ6　申告期限から5年経過後は、3年ごとに届出・報告を行う

申告期限から5年経過すると、要件は比較的緩やかになります。都道府県知事への報告、税務署への届出は3年ごとになり、基本的には、**本業を継続し、かつ株式を売らない限りは、納税猶予が続きます**。

ステップ7　先代経営者の死亡等のあと、必要な手続きを行うことで贈与税が免除される

次に記載するように、先代経営者（贈与者）が亡くなったなどの場合、**「免除届出書」と「免除申請書」を提出することで、納税が猶予されている贈与税の全部または一部についてその納付が免除されます。**

猶予されている贈与税の納付が免除される主な場合

①先代経営者が死亡した場合
②後継者が死亡した場合
③経営贈与承継期間内において、「やむを得ない理由」により会社の代表権を有しなくなった日以後に「免除対象贈与」を行った場合
④経営贈与承継期間の経過後に「免除対象贈与」を行った場合
⑤経営贈与承継期間の経過後において会社について破産手続き開始決定などがあった場合
⑥特例経営贈与承継期間の経過後に、事業の継続が困難な一定の事由が生じた場合において、会社について、譲渡・解散した場合

③の「やむを得ない理由」とは、次に掲げる事由のいずれかに該当することを

指します。

A　精神保健および精神障害者福祉に関する法律の規定により、精神障害者保健福祉手帳（障害等級が1級である者として記載されているものに限る）の交付を受けたこと

B　身体障害者福祉法の規定により身体障害者手帳（身体上の障害の程度が1級または2級である者として記載されているものに限る）の交付を受けたこと

C　介護保険法の規定による要介護認定（要介護状態区分が要介護5に該当するものに限る）を受けたこと

D　AからCに掲げる事由に類すると認められること

贈与税の猶予を受けるための要件は？

贈与税が猶予となる要件は、「会社」「先代経営者」「後継者」に分かれます。

①会社

次の４つのいずれにも該当しないことが条件となります。

①上場会社
②中小企業者に該当しない会社
③風俗営業会社
④資産管理会社（一定の要件を満たすものを除く）

「④資産管理会社」とは、以下のような会社を指します。

・有価証券、自ら使用していない不動産、現金・預金などの特定の資産の保有割合が総資産の総額の70%以上の会社
・特定の資産からの運用収入が総収入金額の75%以上の会社

②先代経営者
次のすべてに該当していなければなりません。

①会社の代表権を有していたこと
②贈与の直前、贈与者および贈与者と特別の関係がある者で総議決権数の50%超の議決権数を保有し、かつ、後継者を除いたこれらの者の中で最も多くの議決権数を保有していたこと
③贈与時に、代表を退任していること
※ただし、贈与の直前ですでに事業承継税制の適用を受けている人がいる場合、①と②の要件は不要

③後継者

贈与時において、**次のすべてに該当**していることが必須条件です。

①会社の代表権を有していること
②18歳以上であること
③役員の就任から3年以上を経過していること
④後継者および後継者と特別の関係がある者で、総議決権数の50％超の議決権数を保有することとなること
⑤後継者の有する議決権数が、次のAもしくはBに該当すること
A：後継者が1人の場合：後継者と特別の関係がある者（他の後継者を除く）の中で最も多くの議決権数を保有することとなること
B：後継者が2人または3人の場合：総議決権数の10％以上の議決権数を保有し、かつ、後継者と特別の関係がある者（他の後継者を除く）の中で最も多くの議決権数を保有することとなること

相続税の猶予を受ける6ステップ

続いて、事業承継税制を利用して相続税の猶予を受ける流れをお話ししましょう。

ステップ1　**特例承継計画を作成・提出をし、確認を受ける**

贈与税と同じく、「特例承継計画」を策定し、認定経営革新等支援機関の所見を記載したうえで、**2024年（令和6年）3月31日までに都道府県知事に提出してその確認を受けます**。

ステップ2　**各種要件を満たしていることの認定を受ける**

相続開始後に、後述する「会社」「先代経営者」「後継者」の要件を満たしていることについて、都道府県知事の「円滑化法の認定」を受けます。なお、**「円滑**

化法の認定」を受けるためには、相続開始後8カ月以内にその申請を行う必要があります。

ステップ3　相続税を申告し、担保を提供する

「相続税の申告期限」までに、この制度の適用を受ける旨を記載した相続税の申告書と一定の書類を税務署に提出し、あわせて納税が猶予される相続税額・利子税の額に見合う担保を提供します。ただし、やはり贈与税と同様に、全株式を担保として提供した場合は、納税が猶予される相続税額・利子税の額に見合う担保の提供があったものとみなされます。

なお、「相続税の申告期限」とは、相続開始があったことを知った日（通常は被相続人が死亡した日）の翌日から10カ月以内を指します。申告するのは所轄の税務署で、通常は被相続人の住所地を所轄する税務署となります。

ステップ4　申告期限から5年までは、事業継続案件を継続する

これも贈与税と同じで、相続税の申告期限から5年間は、事業継続要件を維持することが必須です。この5年間は、毎年都道府県知事に報告し、税務署に継続届出書を提出します。

納税猶予が取り消しになる主な理由は、200ページに記載したものと同じです。

ステップ5　申告期限から5年経過後は、3年ごとに届出・報告を行う

贈与税と同じで、5年経過後は、都道府県知事への報告、税務署への届出は3年ごとになります。基本的には、**本業を続けて株式を売らない限りは、納税猶予が続きます。**

ステップ6　後継者の死亡等のあと、必要な手続きを行うことで相続税が免除される

後継者が亡くなったなどの場合、「免除届出書」と「免除申請書」を提出することで、納税が猶予されている相続税の全部または一部についてその納付が免除されます。

相続税の猶予を受けるための要件は？

相続税が猶予となる要件は、贈与税と同じく「会社」「先代経営者」「後継者」に分かれます。一つひとつ見ていきましょう。

①会社

贈与税と同じく、**次の４つのいずれにも該当しない**ことが条件です。

①上場会社
②中小企業者に該当しない会社
③風俗営業会社
④資産管理会社（一定の要件を満たすものを除く）

②先代経営者

次の要件すべてに該当していることが必須です。

①会社の代表権を有していたこと
②相続開始直前において、被相続人・被相続人と特別の関係がある者で、総議決権数の50％超の議決権数を保有し、かつ後継者を除いたこれらの者の中で最も多くの議決権数を保有していたこと
※ただし、相続開始の直前において、すでに事業承継税制の適用を受けている場合は、①と②の要件は不要

③後継者

相続時、**次のすべてに該当**していなければなりません。

①相続開始の日の翌日から5カ月を経過する日において会社の代表権を有していること
②後継者および後継者と特別の関係がある者で、総議決権数の50％超の議決

権数を保有することとなること

③後継者の有する議決権数が、次のＡもしくはＢに該当すること

Ａ：後継者が１人の場合：後継者と特別の関係がある者（他の後継者を除く）の中で最も多くの議決権数を保有することとなること

Ｂ：後継者が２人または３人の場合：総議決権数の10％以上の議決権数を保有し、かつ、後継者と特別の関係がある者（他の後継者を除く）の中で最も多くの議決権数を保有することとなること

事業承継税制の注意点は？

事業承継税制は、認定を受けられれば贈与税・相続税が猶予（または免除）されるという非常にメリットが大きい制度ではありますが、一方でデメリットも存在します。

①取り消しになったとき、一括納税しなければならない

前述したように、事業承継税制は適用が認められていても、さまざまな要件を満たし続けなければ取り消しとなります。**取り消しになった場合、猶予されていた税額全額に加え、利子税を一括で支払わなければなりません**。

利子税は、年3・6％の割合で計算します。ただし、各年の特例基準割合が7・3％に満たない場合は、利子税の税率は以下の計算式で算出します。

3・6%×特例基準割合÷7・3%(0・1%未満の端数は切り捨て、その割合が0・1%未満の場合は0・1%)

※特例基準割合は、国税庁のホームページで確認可能

たとえば、2018年(平成30年分)の特例基準割合は1・6%なので、同年中の利子税の税率は「3・6%×1・6%÷7・3%=0・7%(0・1%未満は切り捨て)」となります。納税猶予期間が5年を超えた場合には、特例承継期間(5年間)分の利子税は免除されます。

②届出書を毎年提出しなければならない

事業承継税制の主な取消事由のひとつとして、「毎年の報告・届出書の提出をしなかった場合」とお話ししましたが、事業承継税制の利用が始まれば、5年間は毎年、都道府県知事に年次報告書を、税務署に継続届出書を提出する必要があります。

5年経過後には3年に1回の提出で済むようになりますが、一度でも（少しでも）提出が遅れたら納税義務が発生します。提出を失念してしまったという事態は、絶対に回避しなければなりません。

③制度がわかりづらい

事業承継税制の活用に消極的な理由として、**取消事由が多く、すべて頭に入れるのが大変だから**という事情もあります。

これまでお話ししたように、事業承継税制は、適用要件がとても複雑で、各種手続きの負担も発生します。税理士等であっても、すべての要件を完璧に把握するのは大変です。

④適用期限がある

これは非常に重要なことなので、最後にあらためてお伝えしましょう。本章で紹介した「法人版事業承継税制の特例措置」の適用は、**2027年（令和9年）12月31日までに行われた贈与または相続**に限ります。それ以降の贈与または相続では、特例措置の適用を受けることはできません。

なお、2022年の令和4年度税制改正大綱において、「法人版事業承継税制の特例措置の適用期限は延長しない」と明記されたため、**期限は延長されないことを念頭に、適用を受けるまでのロードマップを考える必要があります。**

特例措置にはもうひとつ、**特例承継計画を都道府県に提出する期限**があり、**2024年（令和6年）3月31日**と定められています。

特例承継計画に記入すべき事項はそれほど多くはないものの、「後継者が株式を取得するまでの期間における経営の計画」や「後継者が株式を取得した後5年間の経営計画」など、簡単に思い浮かぶ内容ではありません。書くのに1時間もかかりませんが、内容を決めるのにはなかなか時間がかかるでしょう。

また、認定経営革新等支援機関（税理士、商工会議所など）の指導と助言を受ける必要があるため、作成は早めに取りかかっていただきたいと思います。

なお、この認定経営革新等支援機関からは、信頼できる相手だとみなされなければ、「そもそも、ちゃんとした会社なのか」「この特例承継計画は、本当にこの人たちが考えたことなのか」という疑念を与える恐れもあります。顧問税理士がいれば、「こういう事業承継を進めています」と相談することで、すぐに対応してもらえるはずです。しかし、なんのつながりもない人の場合、依頼してもすぐに所見をもらえるわけではないので、**こうした相談も含めて、やはり早めの準備が大切**なのです。

おわりに

みなさんは、「2025年問題」をご存じでしょうか？

2025年問題とは、いわゆる「団塊の世代」である800万人が75歳以上（＝後期高齢者）となることで、医療費や介護費の増大、それに伴う現役世代の負担の増大などの懸念を指します。

この2025年問題は、事業承継にも大きく影響します。経済産業省と中小企業庁の試算によれば、「現状を放置すると、中小企業廃業の急増により、2025年頃までの10年間累計で約650万人の雇用、約22兆円のGDPが失われる可能性がある」という結果が出ています。

後継者不在、経営の先行き不安、相談者の不在……。事業承継が思うように進まない理由はさまざまあると思いますが、このまま中小企業の多くが廃業を選択していけば、日本の国力が落ちることは避けられません。

何十年も続いてきた企業が、このまま廃業していいのだろうか。

そして、いざ事業承継をしようとした企業が、準備不足のために事業承継に失敗したり、承継後にすぐに組織が崩壊したりといったことが起きてよいのだろう

か。

そうした問題意識から、私は本書の出版を決意したのです。

私はこれまで数多くの中小企業経営者にお会いしてきましたが、ご年齢のこともあるのか、なかには「もう会社のことはいいや」と半ばあきらめている人も、少なからずいらっしゃいました。

しかし、何十年と続いた企業には、必ず従業員や取引先、そして社会からその存在を求められる「何か」があるはずです。実際、廃業を選ぶにはあまりにもったいない中小企業は、非常にたくさんあります。

最近では、第6章で紹介した事業承継税制だけでなく、事業承継をサポートしてもらえる制度や取り組みも増えてきました。自社の未来を暗いものだと決めつけるのではなく、ぜひ前向きに、そして家族や社会のためにもうひと踏ん張りしていただき、次世代に長寿企業のバトンを渡してほしいと思います。

最後に、「エノキアン協会」が掲げている、ファミリー企業が事業を継続するための自己点検項目をご紹介しましょう。エノキアン協会とは、1981年に設立された老舗企業の国際組織で、本部はフランスのパリにあります。入会するには「創業200年以上の歴史を持ち、同族経営で、業績も良好」という3つの条件を満たすことが必要です。この協会が掲げているチェックリストを見れば、長寿企業になるために満たすべきポイントが参考になるはずです。現経営者だけでなく、ぜひ後継者候補の方にもお読みいただければ幸いです。

2023年1月　小形剛央

エノキアン協会　51項目の自己点検リスト

【戦略的計画】

1 創業者一族の事業に関する目標および期待が、明確にされている。
2 少なくとも1年以上にわたる長期計画が明記された形で存在する。
3 長期計画は、事業の目的と創業者一族構成員の個人的目的を統合している。
4 長期戦略は創業者一族としての目的に加えて、収益、投資収益性、資本増大、市場占有率および売上収益率に関する目標を含んでいる。
5 創業者一族構成員の業績を定期的に評価し、経営者としての資格要件と専門能力の向上を判断している。
6 戦略計画は承継計画と連動している。
7 戦略計画は相続計画と連動している。
8 創業者一族以外の管理者が戦略計画で考慮に含まれている。
9 事業に積極的に関与していない創業者一族構成員が、非参加者としての役割および責任を理解している。
10 創業者一族が事業の性格に関して合意している。
11 創業者一族は、創業者一族の意義を収拾するための方法ないし仕組みを所有している。
12 創業者一族は定期的に会合し、事業に関する案件を討議している。
13 創業者一族は外部顧問委員会を所有している。
14 創業者一族は戦略計画の点検および修正を定期的に行っている。

【承継計画】

15 事業の所有権の継続が目標である点について、創業者一族は意見が一致している。
16 創業者一族構成員は、会社に関する肯定的イメージを持ち、ファミリー事業としての恩恵を理解している。
17 ファミリー事業への参入が全く任意である点について、全員が同意している。
18 誰が承継者として資格があるかについて、創業者一族は決定している。
19 すべての可能性のある候補者が客観的に考慮され、評価されている。
20 すべての候補者に関して、キャリア上の選択肢、個人的関心と才能および家族的環境が考慮されている。
21 後継者の正式な教育に関する期待が明示されており、その内容を全員が理解している。
22 会社外における経験および社内における研修期間と継続に関する必要条件が決められ、明記されている。
23 継承に要する引継ぎ期間が創業者一族によって認識され、同意されている。
24 後継者に対する引き継ぎ期間における業務および責任の委譲に関する日程を、創業者一族と決定している。
25 後継者に対する指導および監督責任の具体的内容が承諾されている。
26 創業者一族以外の管理者が承継者育成プロセスに含まれている。

27 後継者の業績を評価する方法が存在する。
28 後継者の金銭的報酬および社内における昇進および昇給に関する規定と条件が存在する。
29 退任する所有者がすべての主要な意思決定が間違いなく伝わるように、信頼できる情報の流れが存在している。
30 引継ぎ過程の速度、質的水準ならびに結果を点検するための引継ぎ管理が存在する。
31 創業者一族および会社は、後継者が辞任あるいは更迭しなければならない場合に備えた対応計画を保有している。
32 所有者および創業者は、有意義かつ能動的な引退計画を保有している。
33 所有者および創業者は、希望する退任の時期および方法を決めている。

【資産承継】

34 所有者および創業者は、退任すべき時期および方法について決めている。
35 所有者および創業者および配偶者は、事業から引退した後の生活様式について話し合ってきた。
36 所有者および創業者は、その生活様式を維持するに必要な所得額を算出してある。
37 事業は、納税負担金額を可能な限り削減できるように組織されている。
38 所有者および創業者は、課税対象所得を可能な限り遅らせるさまざまな方法を調査してきた。
39 所有者および創業者は、生存中あるいは資産相続のいずれかの方法で事業所有権を移すか決定済みである。
40 所有者および創業者は、どの個人（または複数者）が事業を受理するか、また所有権の構造はどのようにするかを、決定済みである。
41 所有者および創業者は、個人的および事業上の目的に照らして最適の移管方法を検討済みである。
42 所有者および創業者は、さまざまな事業移管方法を検討済みである。
43 妥当な金額の保険に加入済みである。

【所有者および創業者】

44 所有者および創業者は、期待通り移管できなかった場合に備えて、何らかの所有権管理権限を確保している。
45 事業の価値が把握されている。
46 事業が固定通貨で価値測定されており、公式を用いていない場合は、不完全性を避けるため毎年点検している。
47 すべての計画は法的に妥当な文書を用いて作成されている。
48 万が一、所有者および創業者に予期せぬことが起きて、彼らが日常的に事業を管理できない場合に備えて、緊急用計画が策定されている。
49 遺産相続計画が毎年見直されている。
50 遺産相続計画は、継承および戦略計画書を支える内容となっている。

参照：後藤俊夫著『三代、100年潰れない会社のルール』（プレジデント社）

小形剛央（おがた・たけひさ）

1979年11月、神奈川県生まれ。税理士、公認会計士。2002年に中央大学商学部卒業、公認会計士２次試験合格、監査法人太田昭和センチュリー（現 EY新日本有限責任監査法人）に入社。2006年、公認会計士登録。2013年７月に新日本有限責任監査法人（現 EY新日本有限責任監査法人）退職、同年８月に税理士法人小形会計事務所入所、TKC全国会入会。2013年10月に税理士登録。現在、税理士法人小形会計事務所所長、株式会社サウンドパートナーズ代表。著書に『たった３か月で売上高倍増! これだけは知っておくべき社長の会計学』（幻冬舎メディアコンサルティング）がある。

いきなり事業承継成功読本《じぎょうしょうけいせいこうとくほん》

2023年1月24日　第1刷発行

著者　**小形剛央《おがたたけひさ》**

発行者　寺田俊治

発行所　**株式会社 日刊現代**

東京都中央区新川1-3-17　新川三幸ビル
郵便番号　104-8007
電話　03-5244-9620

発売所　**株式会社 講談社**

東京都文京区音羽2-12-21
郵便番号　112-8001
電話　03-5395-3606

印刷所／製本所　**中央精版印刷株式会社**

表紙・本文デザイン　菊池祐（ライラック）
編集協力　ブランクエスト

C0034

ISBN978-4-06-530898-1